FOM-Edition

FOM Hochschule für Oekonomie & Management

Reihe herausgegeben von
FOM Hochschule für Oekonomie & Management, Essen, Deutschland

Bücher, die relevante Themen aus wissenschaftlicher Perspektive beleuchten, sowie Lehrbücher schärfen das Profil einer Hochschule. Im Zuge des Aufbaus der FOM gründete die Hochschule mit der *FOM-Edition* eine wissenschaftliche Schriftenreihe, die allen Hochschullehrenden der FOM offensteht. Sie gliedert sich in die Bereiche Lehrbuch, Fachbuch, Sachbuch, International Series sowie Dissertationen. Die Besonderheit der Titel in der Rubrik Lehrbuch liegt darin, dass den Studierenden die Lehrinhalte in Form von Modulen in einer speziell für das berufsbegleitende Studium aufbereiteten Didaktik angeboten werden. Die FOM ergreift mit der Herausgabe eigener Lehrbücher die Initiative, der Zielgruppe der studierenden Berufstätigen sowie den Dozierenden bislang in dieser Ausprägung nicht erhältliche, passgenaue Lehr- und Lernmittel zur Verfügung zu stellen, die eine ideale und didaktisch abgestimmte Ergänzung des Präsenzunterrichtes der Hochschule darstellen. Die Sachbücher hingegen fokussieren in Abgrenzung zu den wissenschaftlich-theoretischen Fachbüchern den Praxistransfer der FOM und transportieren konkrete Handlungsimplikationen. Fallstudienbücher, die zielgerichtet für Bachelor- und Master-Studierende eine Bereicherung bieten, sowie die englischsprachige *International Series,* mit der die Internationalisierungsstrategie der Hochschule flankiert wird, ergänzen das Portfolio. Darüber hinaus wurden in der FOM-Edition jüngst die Voraussetzungen zur Veröffentlichung von Dissertationen aus kooperativen Promotionsprogrammen der FOM geschaffen.

Tim Jesgarzewski

Fallstudien zum Arbeitsrecht

Praxisfälle zur Wissensvertiefung

3., aktualisierte und erweiterte Auflage

Tim Jesgarzewski
FOM Hochschule für Oekonomie & Management
Bremen, Deutschland

ISSN 2625-7114 ISSN 2625-7122 (electronic)
FOM-Edition
ISBN 978-3-658-42143-4 ISBN 978-3-658-42144-1 (eBook)
https://doi.org/10.1007/978-3-658-42144-1

Die Deutsche Nationalbibliothek verzeichnet diese Publikation in der Deutschen Nationalbibliografie; detaillierte bibliografische Daten sind im Internet über http://dnb.d-nb.de abrufbar.

© Springer Fachmedien Wiesbaden GmbH, ein Teil von Springer Nature 2017, 2019, 2023

Das Werk einschließlich aller seiner Teile ist urheberrechtlich geschützt. Jede Verwertung, die nicht ausdrücklich vom Urheberrechtsgesetz zugelassen ist, bedarf der vorherigen Zustimmung des Verlags. Das gilt insbesondere für Vervielfältigungen, Bearbeitungen, Übersetzungen, Mikroverfilmungen und die Einspeicherung und Verarbeitung in elektronischen Systemen.
Die Wiedergabe von allgemein beschreibenden Bezeichnungen, Marken, Unternehmensnamen etc. in diesem Werk bedeutet nicht, dass diese frei durch jedermann benutzt werden dürfen. Die Berechtigung zur Benutzung unterliegt, auch ohne gesonderten Hinweis hierzu, den Regeln des Markenrechts. Die Rechte des jeweiligen Zeicheninhabers sind zu beachten.
Der Verlag, die Autoren und die Herausgeber gehen davon aus, dass die Angaben und Informationen in diesem Werk zum Zeitpunkt der Veröffentlichung vollständig und korrekt sind. Weder der Verlag noch die Autoren oder die Herausgeber übernehmen, ausdrücklich oder implizit, Gewähr für den Inhalt des Werkes, etwaige Fehler oder Äußerungen. Der Verlag bleibt im Hinblick auf geografische Zuordnungen und Gebietsbezeichnungen in veröffentlichten Karten und Institutionsadressen neutral.

Planung/Lektorat: Angela Meffert
Springer Gabler ist ein Imprint der eingetragenen Gesellschaft Springer Fachmedien Wiesbaden GmbH und ist ein Teil von Springer Nature.
Die Anschrift der Gesellschaft ist: Abraham-Lincoln-Str. 46, 65189 Wiesbaden, Germany

Vorwort

In Ergänzung des einschlägigen Lehrbuchs zum Arbeitsrecht, das im Jahre 2019 ebenfalls in der FOM-Edition in der ersten Auflage erschienen ist, bieten die vorliegenden Fallstudien zum Arbeitsreicht dem Leser eine Vertiefungsmöglichkeit für sein Wissen, die anwendungsbezogen genau auf die Bedürfnisse der Praxis abstellt. Sowohl für Entscheidungsträger in unternehmerischer Verantwortung und in Betriebsräten als auch für Studierende zur Vorbereitung auf juristische Klausuren ist es unumgänglich, sich mit der juristischen Arbeitsweise im Arbeitsrecht vertraut zu machen. An diesem Anspruch ist die Fallsammlung Arbeitsrecht zu messen.

Die seit dem Erscheinen der zweiten Auflage ergangene Rechtsprechung sowie zahlreiche Gesetzesänderungen haben eine gründliche Überarbeitung erfordert. Durch einen zusätzlich ergänzten Fall wird zudem aufgezeigt, wie sich der Anspruch auf ein Arbeitszeugnis praktisch darstellt. Insgesamt ergeben sich zudem zahlreiche praxisrelevante Schnittstellen mit anderen Rechtsgebieten, welche nur durch ein breites Rechtsverständnis nachvollziehbar werden.

Auch bei der Neuauflage haben zahlreiche Personen Hilfestellungen geleistet, von denen die Wesentlichsten hier erwähnt werden. Großer Dank gilt insbesondere Herrn Tien-Dat Uong, der die Erstellung dieser Neuauflage als wissenschaftliche Hilfskraft fachlich und administrativ unterstützt hat.

Wie die inzwischen bereits in der dritten Auflage erschienene Fallsammlung Wirtschaftsprivatrecht hat auch diese Fallsammlung Arbeitsrecht Aufnahme in die FOM-Edition gefunden. Für die große organisatorische Unterstützung bedanke ich mich insbesondere bei den Herren Prof. Dr. Thomas Heupel und Dipl.-jur. Kai Enno Stumpp sowie bei Frau Angela Meffert vom Springer Gabler Verlag für das einmal mehr professionelle Lektorat.

Aus dem Vorwort zur 1. Auflage

Juristisches Wissen dient dazu, im Vorfeld möglicher Probleme Rechtssicherheit zu schaffen oder im Nachhinein auftretende Konflikte einer Lösung zuzuführen. Dies gilt namentlich im Arbeitsrecht, da in diesem Rechtsgebiet die Interessengegensätze zwischen den Beteiligten oftmals klar zu Tage treten. So stehen sich Arbeitnehmer und Arbeitgeber oder deren jeweilige Interessenvertretungen mit konkreten Forderungen oder Konflikten gegenüber.

Im besten Fall wird durch eine vorausschauende Vertragsgestaltung oder das Treffen sonstiger verbindlicher Vereinbarungen von vornherein jede mögliche Eventualität vorausgedacht und einer eindeutigen Lösung zugeführt. Der Regelfall ist dies indes nicht. Nicht alle potenziellen Konflikte lassen sich vorausdenken und präventiv verhindern.

Wenn ein Konflikt entstanden ist, muss dieser im Streitfall juristisch einer Lösung zugeführt werden. Dies gilt sowohl für Schwierigkeiten im Zusammenhang mit der Anwendung von Verträgen und sonstigen Vereinbarungen als auch für die strittige Auslegung gesetzlicher Regelungen. Dabei ist eine genaue Ermittlung der tatsächlichen Verhältnisse ebenso wichtig wie die korrekte Anwendung juristischer Kenntnisse.

Für Entscheider im Wirtschaftsleben ist daher neben einer juristischen Grundausbildung vor allem die praxisorientierte Lösung von zentraler Bedeutung.

Das juristische Arbeiten ist ganz wesentlich durch die rechtliche Bewertung von Lebenssachverhalten bestimmt. Dabei besteht die Schwierigkeit darin, abstrakte Rechtssätze auf tatsächliche Geschehnisse anzuwenden. Neben dem Erwerb eines juristischen Fachwissens ist daher die sorgfältige Ermittlung des Sachverhalts erforderlich, um zu sachgerechten Lösungen zu kommen. Um einen Einstieg in die Praxis der arbeitsrechtlichen Falllösung zu erhalten, muss der Rechtsanwender daher neben seinem Fachwissen die Anwendung dieses Wissens ständig üben und wiederholen. Dazu dient die Lösung von Fällen anhand des vorliegenden Fallbuches.

Inhaltsverzeichnis

Vorwort V

Aus dem Vorwort zur 1. Auflage VII

Einleitung 1
1.1   Grundlagen 2
1.2   Juristische Falllösung 3

Kollektives Arbeitsrecht 9
2.1   Fall 1: Tariflohn für alle? 9
2.2   Fall 2: Arbeitsvertrag schlägt Tarifvertrag? 11
2.3   Fall 3: Neue Besen kehren schlechter 13
2.4   Fall 4: Gekaufte Streikbrecher 15
2.5   Fall 5: Wie Du mir, so ich Dir 18
2.6   Fall 6: Gleich oder nicht? 21
2.7   Fall 7: Kalli will wählen 24
2.8   Fall 8: Richtig gezählt ist halb gewählt 27
2.9   Fall 9: Arbeitnehmer ist gleich Arbeitnehmer? 30
2.10 Fall 10: Das haben wir schon immer so gemacht 33
2.11 Fall 11: Zu billig ist oft auch nicht gut 36
2.12 Fall 12: Geschwindigkeit ist nicht alles 39
2.13 Fall 13: Durchsetzungsstarker Betriebsrat 42
2.14 Fall 14: Für immer verhindert? 45
2.15 Fall 15: Überwachung ist immer gut 48
2.16 Fall 16: Antrag auf Rückgängigmachung einer Einstellung 51

Individualarbeitsrecht 53
3.1   Fall 18: Weniger ist mehr 53
3.2   Fall 19: Einmal korrekt, für immer korrekt? 55

3.3	Fall 19: Feurige Ausbildung	58
3.4	Fall 20: Gut gedroht ist schlecht vereinbart	60
3.5	Fall 21: Die Zeichen der Zeit	63
3.6	Fall 22: Einkauf ist Verkauf	66
3.7	Fall 23: Wer klaut, der fliegt?	69
3.8	Fall 24: Gekündigt wegen Krankheit	72
3.9	Fall 25: Ein bisschen schwanger	75
3.10	Fall 26: Kindermädchen gesucht	78
3.11	Fall 27: Wer weiß was?	81
3.12	Fall 28: Lohn ohne Arbeit	83
3.13	Fall 29: Urlaubsabgeltung	86
3.14	Fall 30: Skifahren ist ungesund	89
3.15	Fall 31: Bezahltes Vorstellungsgespräch	91
3.16	Fall 32: Der kranke Walter	94
3.17	Fall 33: Ricardo will nicht arbeiten	97
3.18	Fall 34: Die rasende Hilde	100
3.19	Fall 35: Krank oder schwanger	103
3.20	Fall 36: Sexy Siegfried	106
3.21	Fall 37: Der konfirmierte Leon	109
3.22	Fall 38: Pizzalieferung	112
3.23	Fall 39: Marmeladen-Paula	114
3.24	Fall 40: Befristung für Bodo	116
3.25	Fall 41: Anders überlegt ist zu spät überlegt	119
3.26	Fall 42: Die singende Sarah	122
3.27	Fall 43: Urlaub für Lars	125
3.28	Fall 44: Der leitende Johannes	127
3.29	Fall 45: Erst hü, dann hott	130
3.30	Fall 46: Hungriger Carlo	132
3.31	Fall 47: Der junge Ede	135
3.32	Fall 48: Weihnachtsgeld für Tina	137
3.33	Fall 49: Streik auf dem Parkplatz	139
3.34	Fall 50: Konfessionslose Bewerberin	142
3.35	Fall 51: Verzugspauschale für Kim	145
3.36	Fall 52: Norbert und sein Arbeitszeugnis	148

Stichwortverzeichnis 151

Einleitung 1

Führungskräfte ohne juristische Grundkenntnisse sind im heutigen Arbeitsleben nicht mehr denkbar. Nahezu in allen Studiengängen für die Ausbildung von Führungspersonal wird daher ein juristisches Basiswissen vermittelt. Das Arbeitsrecht spielt dabei stets eine herausgehobene Rolle. Dies gilt insbesondere für betriebswirtschaftliche Studiengänge, die gezielt auf die Übernahme von unternehmerischer Verantwortung vorbereiten sollen. Die Führung von Mitarbeitern verlangt neben einem personalpsychologischen Aspekt insbesondere eine genaue Kenntnis der rechtlichen Möglichkeiten und Grenzen.

Diese Fallsammlung vermittelt daher zusammen mit dem dazugehörigen, bald erscheinenden Lehrbuch Arbeitsrecht das erforderliche juristische Basiswissen aus unternehmerischer Sicht. Der arbeitsrechtlich geschulte Entscheidungsträger ist nach dem Studium dieser Bücher in der Lage, Risiken und Probleme zu erkennen, und entwickelt insgesamt ein Bewusstsein für arbeitsrechtliche Zusammenhänge. Kleinere rechtliche Probleme wird der unternehmerische Entscheidungsträger fortan selbständig lösen können. Für schwierigere Fragestellungen wird er darüber hinaus in der Lage sein, den Sachverhalt eigenständig und vollständig aufzubereiten und dem Rechtsanwalt oder der eigenen Rechtsabteilung zur weiteren Beurteilung zuzuführen.

Die Anwendung des Arbeitsrechts auf einen konkreten Lebenssachverhalt verlangt dabei aber nicht nur eine genaue Vorkenntnis der rechtlichen Grundlagen, sondern auch das grundsätzliche Beherrschen einer juristischen Arbeitsweise. Diese Arbeitsweise wirkt auf nicht juristisch vorgebildete Personen oftmals befremdlich und stellt erhebliche Anforderungen an Anfänger der Rechts- und Arbeitsrechtswissenschaft. Um eine fundierte Grundkenntnis des Arbeitsrechts zu erlangen, muss die juristische Arbeitsweise mit erworben werden. Dies ist in einer rein abstrakten Aufnahme ihrer Inhalte indes nicht möglich. Nur die trainierte Lösung einschlägiger Fälle verleiht dem Rechtsanwender im Laufe der Zeit die Fähigkeit, zukünftig selbständig Fälle sicher und korrekt zu lösen. Genau an diesem Punkt setzt die vorliegende Fallsammlung an. Nach einer kurzen Darstellung der Grundsätze der juristischen und speziell arbeitsrechtlichen Fallbearbeitung folgen zahlreiche Einzelfälle, die dem Entscheider im Wirtschaftsleben in dieser Form ständig gestellt werden können. Durch die übungsweise Lösung dieser Fälle wird neben dem Training der juristischen Arbeitsweise auch eine weitere Vertiefung der materiellen Rechtskenntnis erfolgen. Dies wiederum gelingt dem Anwender dieser Fallsammlung bestmöglich dadurch, indem er auf ein Lehrbuch zum Arbeitsrecht zurückgreift, welches die inhaltlichen Grundlagen für die vorliegende Fallsammlung setzt.

Durch die Beachtung eines durchgängigen didaktischen Konzepts vom Lehrbuch zur Fallsammlung wird der Vertiefungseffekt nochmals verstärkt. Die Ausrichtung sowohl des Lehrbuchs als auch der Fallsammlung folgt dabei ausschließlich den Anforderungen aus der Praxis und hat zum Ziel, dem unternehmerischen Entscheidungsträger ein belastbares Fundament für die Beurteilung arbeitsrechtlicher Sachverhalte zu vermitteln.

Da sich im Arbeitsrecht nicht nur einzelne Arbeitgeber und Arbeitnehmer individualrechtlich gegenüberstehen, werden auch zahlreiche kollektivrechtliche Fallgestaltungen aufbereitet. Den wesentlichen Schwerpunkten des Arbeitsrechts folgend, wird der Fokus stets auf aktuelle und praxisrelevante Fragen gelegt. Ein größtmöglicher Praxistransfer ist folglich das erklärte didaktische Ziel dieser Fallsammlung.

1.1 Grundlagen

Die nachfolgenden Fälle dienen jeweils der Vertiefung bestimmter arbeitsrechtlicher Fragestellungen und sind unabhängig voneinander konzipiert und zu lösen. Der Schwierigkeitsgrad der Fälle differiert genauso wie deren Umfang. Es wird bewusst darauf verzichtet, die Fälle nach dem Schwierigkeitsgrad zu unterteilen, damit der Bearbeiter selber ein Gefühl für sein Leistungsvermögen entwickeln kann.

Eine erfolgreiche Arbeit mit der vorliegenden Fallsammlung setzt eine selbstreflektierte Herangehensweise des Bearbeiters voraus, die über das bloße Lesen von Fällen und Lösung hinausgehen sollte. Ein bestmöglicher Übungseffekt wird erst dadurch erzielt, dass der Bearbeiter den Sachverhalt studiert und zunächst einer eigenständigen Lösung zuführt. Das Anfertigen einer Lösungsskizze sollte der ausformulierten Lösung vorweggenommen werden. Erst im Anschluss an die selbst formulierte Lösung sollte der Bearbeiter einen Abgleich mit der Musterlösung und den Lösungshinweisen vornehmen.

Die ausformulierte Musterlösung mit den weitergehenden Hinweisen sollte dabei nicht als einzig richtiger und vertretbarer Lösungsaufbau verstanden werden. Je nach Art des Falles kann auch eine andere Herangehensweise und bei guter Argumentation auch eine andere Lösung vorgelegt werden. Wichtig ist es aber, dass der Bearbeiter durch ständiges Wiederholen eine persönliche Routine in der Falllösung entwickelt.

1.2 Juristische Falllösung

Juristisches Arbeiten setzt zunächst das einschlägige Fachwissen voraus. Dessen Vermittlung findet in den einschlägigen Vorlesungen sowie durch die entsprechende Fachliteratur statt. Diese Fallsammlung sollte daher zusammen mit dem Lehrbuch Arbeitsrecht der FOM-Edition gebraucht werden.

Durch das vorliegende Fallbuch wird die Anwendung des Fachwissens auf tatsächliche Rechtsfälle geschult. Dafür ist das Erlernen einer bestimmten Methodik erforderlich. Bestenfalls baut das Studium des Arbeitsrechts auf wirtschaftsrechtliche Grundlagen auf. Die Grundlagen des Zivilrechts, insbesondere des Schuld- und Vertragsrechts, sollten daher materiell genauso beherrscht werden wie die Technik der Lösung von Rechtsfällen.

Die Methodik der Falllösung muss indes durch ständiges Wiederholen zum selbstverständlichen Handwerk des Bearbeiters werden. Unabhängig vom Inhalt der Fallfrage sollte es dem Bearbeiter keinerlei Schwierigkeiten bereiten, die Herangehensweise an die Fallfrage zu bestimmen. Dies kann nur erreicht werden, wenn die Methodik der Falllösung für den Bearbeiter zu einem ständig wiederkehrenden Automatismus wird.

Nachfolgend werden daher unterschiedliche Fälle, die denen in arbeitsrechtlichen Klausuren entsprechen, dargestellt und einer Musterlösung zugeführt. Dabei werden fortlaufend Hinweise zum Lösungsaufbau, der Schwerpunktsetzung in der Lösung und zur Herangehensweise an die Fallfragen gegeben. Vorangestellt werden aber die Grundzüge der Falllösung. Hierbei wird zunächst die allgemeine juristische Arbeitsweise dargestellt, um sodann die arbeitsrechtlichen Besonderheiten aufzuzeigen.

1.2.1 Wer will was von wem woraus?

Der Bearbeiter eines juristischen Falles sollte sich der Fragestellung zunächst stets mit den sog. fünf „Ws" nähern. Diese lauten: Wer will was von wem woraus? Der Merksatz dient dazu, sich alle Teilelemente vor Augen zu führen, die für das Verstehen eines Falles und dessen methodisch korrekter Lösung erforderlich sind. Zunächst wird mit der Teilfrage „Wer will was von wem?" zum Ausdruck gebracht, dass der Sachverhalt vollumfänglich verstanden werden muss. Erst wenn der Inhalt des Falles richtig verstanden wurde, kann die rechtliche Lösung erarbeitet werden.

Der letzte Teil der Frage „woraus?" beinhaltet die Suche nach der geeigneten Anspruchsgrundlage, die als Rechtsfolge den begehrten Anspruch nach sich ziehen könnte. Der entsprechende Rechtssatz ist sodann auf den gegenständlichen Sachverhalt zur Anwendung zu bringen. Es ist folglich nach den möglicherweise einschlägigen Normen zu suchen, deren jeweilige Tatbestandsmerkmale Schritt für Schritt durchzuprüfen sind.

1.2.2 Aufgabe

Das richtige Verständnis der Aufgabenstellung ist die Grundlage jeder erfolgreichen Falllösung. Wird der Sachverhalt nicht richtig verstanden oder gar falsch interpretiert, kann die Lösung in der Folge nicht richtig sein. Wer von falschen Voraussetzungen ausgeht, verfolgt folgerichtig eine falsche Spur. Deshalb ist bei der Aufarbeitung des Sachverhalts größte Sorgfalt geboten.

Zunächst ist der Sachverhalt so oft vollständig durchzulesen, bis der Bearbeiter meint, das tatsächliche Geschehen grundsätzlich verstanden zu haben. Anschließend sollten die beteiligten Personen sowie die einzelnen Handlungen chronologisch in Stichworten skizziert werden. Jedes Überfliegen des Sachverhalts oder nur kursorisches Lesen produziert vermeidbare Fehler und ist daher zu unterlassen. Fehler bei der sorgfältigen Aufarbeitung des Sachverhalts ziehen sich durch die gesamte nachfolgende Lösung und sind daher von vornherein durch größtmögliche Sorgfalt zu unterbinden.

Beim Verständnis des Sachverhalts ist grundsätzlich davon auszugehen, dass alle Informationen eine rechtliche Relevanz haben. Daher sollten auch alle Informationen in die Sachverhaltsskizze aufgenommen werden. Dies gilt insbesondere für zeitliche Angaben und die Abfolge bestimmter Handlungen. Der Fragesteller wird sich bei der konkreten Aufgabenstellung etwas gedacht und daher kaum irrelevante Informationen im Fall verarbeitet haben. Ist sich der Bearbeiter über das Verständnis einer bestimmten Information im Unklaren, so ist diese lebens- und sachverhaltsnah auszulegen. Interpretationen jeder Art sind genauso zu vermeiden wie das Hinzudenken bestimmter Tatsachen, die nicht ausdrücklich im Sachverhalt angegeben werden.

Aus dem dargestellten Lebenssachverhalt wird sodann von den einzelnen Beteiligten ein bestimmtes Begehr abgeleitet. Dieses Begehr ist ein sog. Anspruch, den eine Rechtsperson gegen eine andere richtet. Das Verständnis dieses Anspruchs (z. B. Vertragserfüllung, Schadensersatz etc.) ist genauso wichtig wie das Verständnis des tatsächlichen Geschehens.

Je nach Schwierigkeitsgrad des Falles können auch unterschiedliche Ansprüche begehrt werden. Auch können sich wechselseitig bestimmte Ansprüche gegenüberstehen oder mehr als zwei Rechtspersonen beteiligt sein. Sollte dies der Fall sein, sind die einzelnen Ansprüche voneinander abzugrenzen und gesondert zu erfassen.

Bevor die vorgenannten Schritte nicht erfolgt sind, sollte von jeder rechtlichen Bewertung Abstand genommen werden. Eine solche rechtliche Bewertung des Sachverhalts sollte späteren Arbeitsschritten vorbehalten werden.

1.2.3 Anspruchsgrundlagen

Wurde der Sachverhalt nach den zuvor genannten Kriterien umfassend ermittelt, sind nun die zur Falllösung erforderlichen Normen anzuwenden. Ausgangspunkt sind die einschlägigen Anspruchsgrundlagen. Eine Anspruchsgrundlage ist eine Norm, die einer Rechtsperson das subjektive Recht gibt, von einer anderen Rechtsperson eine Leistung (Tun oder Unterlassen) zu fordern.

Das Finden der richtigen Anspruchsgrundlage ist deshalb der rechtliche Ausgangspunkt der Falllösung. Welche Anspruchsgrundlage einschlägig ist, richtet sich nach der Fallfrage. Das Begehr des Anspruchsstellers muss mit der Rechtsfolge der Anspruchsgrundlage übereinstimmen. Möglicherweise existieren mehrere Anspruchsgrundlagen, die die gewünschte Rechtsfolge beinhalten. Sollte dies der Fall sein, sind die jeweiligen Anspruchsgrundlagen nacheinander abzuarbeiten. Dabei ist immer mit vertraglichen Anspruchsgrundlagen zu beginnen, um anschließend gesetzliche Anspruchsgrundlagen zu prüfen.

Die umfassende rechtliche Bearbeitung des Falles liegt nun in der Anwendung der Anspruchsgrundlage auf den dargestellten Lebenssachverhalt.

1.2.4 Subsumtionstechnik

Dies erfolgt mittels der sog. Subsumtion. Subsumtion ist die Prüfung, ob der Sachverhalt die Tatbestandsmerkmale der Anspruchsgrundlage erfüllt und folglich die normierte Rechtsfolge auslöst. Es ist daher ein Abgleich zwischen Sachverhalt und Anspruchsgrundlage vorzunehmen. Nur, wenn alle Tatbestandsmerkmale erfüllt sind, wird die gewünschte Rechtsfolge ausgelöst. Deshalb ist jedes Tatbestandsmerkmal einzeln und sorgfältig zu prüfen, bis nacheinander alle Merkmale abgearbeitet sind. Sobald ein Merkmal nicht erfüllt ist, ist die Prüfung zu beenden. Die Subsumtion erfolgt in drei logisch aufeinander aufbauenden Schritten.

1. Zunächst ist ein Tatbestandsmerkmal zu definieren.
2. Sodann ist der Sachverhaltsteil darzustellen, der mit der Definition abgeglichen werden soll.
3. Erst anschließend wird der Abgleich vorgenommen, also die eigentliche Subsumtion im engeren Sinne durchgeführt.

> **Beispiel**
>
> A ist Angestellter des B zu einem Bruttolohn von 1.800 €. Nach einem Monat Arbeit verlangt A nun die Zahlung des Lohnes. Zu Recht?

Subsumtion A könnte gegen B einen Anspruch auf Lohnzahlung nach den §§ 611 I, 614 BGB haben (Obersatz). Danach ist der Arbeitgeber verpflichtet, die vereinbarte Vergütung nach der geleisteten Arbeit für den Zeitabschnitt zu zahlen, nach welchem die Vergütung bemessen ist (1. Schritt). Hier haben die Parteien einen Arbeitsvertrag geschlossen und vereinbart, dass ein Monatslohn gezahlt werden soll (2. Schritt). Folglich werden die 1.800 € als vereinbarte Vergütung nach der Leistung eines Monats Arbeit geschuldet (3. Schritt). A verlangt zu Recht die Zahlung (Ergebnis).

1.2.5 Gutachten- und Richterstil

Ein juristischer Fall wird zwar mittels Subsumtion gelöst, die einzelnen Subsumtionsschritte werden jedoch in eine Gesamtlösung eingebaut. Diese Gesamtlösung erfolgt ebenfalls mittels einer bestimmten Technik (sog. Lösungsstil). Durch einen solchen Lösungsstil soll erreicht werden, dass die Lösung der gestellten Rechtsfrage erschöpfend dargestellt wird. Für die Falllösung stehen dem Juristen der Gutachten- und der Richterstil zur Verfügung.

Der Gutachtenstil ist ein Lösungsweg, bei dem der Bearbeiter den Leser Schritt für Schritt näher an die Lösung heranführt, indem zunächst eine Rechtsfolge abstrakt aufgeworfen und diese dann mittels Subsumtion zur Lösung geführt wird. Beim Richterstil wird das Ergebnis vorangestellt, um anschließend die Lösung zu begründen. In der juristischen Falllösung in einer Klausursituation wird im arbeitsrechtlichen Bereich grundsätzlich der Gutachtenstil verlangt. Der Urteilsstil wird in der juristischen Fallbearbeitung erst in der Vorbereitung auf den Richterberuf angewandt, sodass er vorliegend zurückstehen muss. Die hier einzuübende Falllösung erfolgt daher ausschließlich im Gutachtenstil.

Im Gutachtenstil wird zunächst ein Obersatz gebildet. Dieser Obersatz beinhaltet die Prüfungsfrage und die gewünschte Rechtsfolge. Hierbei ist ein konkreter Bezug zur Fallfrage herzustellen, damit die richtige Frage für das Gutachten aufgeworfen wird. Sodann werden die Tatbestandsvoraussetzungen definiert, um diese nach Nennung des einschlägigen Sachverhaltsteils im Wege der Subsumtion im engeren Sinne zu prüfen. Schließlich wird die Rechtsfolge zusammenfassend und abschließend beantwortet. Im zuvor genannten Fallbeispiel ist daher der erste Satz der Lösung der sog. Obersatz. Der letzte Satz stellt das Ergebnis dar. Zur Wiederholung dient das nachfolgende Beispiel.

> **Beispiel**
>
> A ist seit acht Monaten Arbeitnehmer des B. Er verlangt die Gewährung von einer Woche Erholungsurlaub. B entgegnet, in seinem Unternehmen gebe es keinen Urlaub. Kann A sein Verlangen durchsetzen?

Lösung A könnte nach den §§ 1, 2, 3 BUrlG Anspruch auf jährlichen Erholungsurlaub von 24 Werktagen bei einer Sechs-Tage-Woche haben (Obersatz). Dafür müsste A zunächst Arbeitnehmer des B sein. Dies ist der Fall. Zudem müsste nach den §§ 4, 5 BUrlG die Wartezeit von sechs Monaten erfüllt bzw. ein hinreichender Teilurlaubsanspruch entstanden sein. Vorliegend ist der A bereits seit acht Monaten Arbeitnehmer des B, sodass bereits der volle Urlaubsanspruch entstanden ist.

Mithin kann A die Gewährung des begehrten Erholungsurlaubs verlangen (Ergebnis).

1.2.6 Einreden und Einwendungen

Wurde nach den zuvor genannten Grundsätzen ein Anspruch umfassend geprüft, sind möglicherweise noch Einwendungen oder Einreden des Anspruchsgegners zu erörtern. Diese können dem Anspruch entgegenstehen. Einwendungen sind solche Tatsachen, die dem Entstehen oder Fortbestehen des Anspruchs entgegenstehen (z. B. die Sittenwidrigkeit eines Vertrages). Einreden sind Gegenrechte des Anspruchsgegners, die dem Anspruch entgegengehalten werden können (z. B. Verjährung).

Solche Einwendungen oder Einreden sind stets im Anschluss an die Anspruchsprüfung darzustellen. Als Merksätze für den Bearbeiter bieten sich die folgenden Fragen an: Ist der Anspruch untergegangen? Ist der Anspruch durchsetzbar?

Beispiel
A war bis 30.11.2015 der Arbeitnehmer des B. Den restlichen Jahresurlaub aus 2015 hat A nie erhalten, da immer viel zu tun war und der Arbeitgeber den seinerzeit begehrten Urlaub immer wieder herausgeschoben hatte. Nun hört A von einem Bekannten, dass der Urlaub dann in Geld hätte ausgezahlt werden müssen. A schreibt B daraufhin eine Zahlungsaufforderung. B verweigert die Zahlung, weil die Forderung verjährt sei. Hätte eine Klage des A Aussicht auf Erfolg?

Lösung A könnte von B die Abgeltung des restlichen Urlaubs nach § 7 III BurlG wegen Beendigung des Arbeitsverhältnisses verlangen, wenn B nicht nach § 214 BGB ein Leistungsverweigerungsrecht hätte. Der Urlaubsabgeltungsanspruch als solcher ist zwischen den Parteien unstreitig. Fraglich ist aber, ob er auch durchsetzbar ist. Der B hat vorliegend die Einrede der Verjährung nach § 214 BGB erhoben.

Dafür müsste die Forderung aber auch tatsächlich verjährt sein. Die Verjährung von Urlaubsabgeltungsansprüchen richtet sich nach den §§ 195, 199 BGB. Danach verjährt eine Forderung nach drei Jahren zum Ende des Jahres, in dem sie entstanden ist und der Gläubiger Kenntnis von der Forderung erlangt hat. Vorliegend ist die Forderung mit Beendigung des Arbeitsverhältnisses im Jahr 2015 entstanden, der A hatte mithin auch Kenntnis von seinem Anspruch gegen B. Folglich verjährt die Forderung zum Ende des Jahres 2018.

B beruft sich zu Recht auf die Einrede der Verjährung. Eine Klage des A hätte folglich keine Aussicht auf Erfolg.

1.2.7 Feststellungsbegehren

Im Arbeitsrecht spielt jedoch nicht nur die Durchsetzung von wechselseitigen Ansprüchen in der Falllösung eine Rolle. Breiten Raum nehmen auch Feststellungsbegehren an. Dies bedeutet, dass eine Seite von der anderen nicht ein konkretes Tun oder Unterlassen (z. B. eine Zahlung) fordert, sondern die Feststellung eines bestimmten rechtlichen Verhältnisses begehrt.

Das wichtigste Beispiel hierfür ist die Feststellung über das Bestehen eines Arbeitsverhältnisses. Spricht der Arbeitgeber die Kündigung eines bestehenden Arbeitsverhältnisses aus, begehrt der Arbeitnehmer in vielen Fällen im Wege der sog. Kündigungsschutzklage die gerichtliche Feststellung, dass das Arbeitsverhältnis durch die Kündigung gerade nicht beendet wurde, sondern entsprechend unverändert fortbesteht.

> **Beispiel**
> A ist der Arbeitnehmer des B. B kündigt den A fristlos, weil er A unsympathisch findet. Kann A erfolgreich Kündigungsschutzklage erheben?

Lösung A könnte erfolgreich Kündigungsschutzklage erheben, wenn die fristlose Kündigung die Voraussetzungen des § 626 I BGB nicht erfüllen würde und daher unwirksam wäre. Nach § 626 I BGB bedarf eine fristlose Kündigung eines wichtigen Grundes, der unter Berücksichtigung der Umstände des Einzelfalls und einer Abwägung der beiderseitigen Interessen zur Unzumutbarkeit der Fortsetzung des Arbeitsverhältnisses führt. Ein wichtiger Grund ist zunächst eine für sich betrachtet schwerwiegende Verletzung der arbeitsrechtlichen Pflichten des Arbeitnehmers. Vorliegend begründet der B die fristlose Kündigung mit fehlender Sympathie. Folglich liegt bereits kein wichtiger Grund vor. A könnte mithin erfolgreich Kündigungsschutzklage erheben.

Ein weiterer Schwerpunkt in der arbeitsrechtlichen Falllösung ergibt sich aus dem Umstand, dass sich nicht nur Arbeitnehmer und Arbeitgeber (individualrechtlich) gegenüberstehen, sondern auch Streitigkeiten im kollektivrechtlichen Bereich gelöst werden müssen. Hier streiten Betriebsrat und Arbeitgeber sowie Gewerkschaft und Arbeitgeber bzw. Arbeitgeberverband. Bei derartigen Fallkonstellationen hat der Bearbeiter besonders genau darauf zu achten, welche Beteiligten miteinander zu tun haben und welche rechtlichen Grundlagen heranzuziehen sind.

Kollektives Arbeitsrecht

2.1 Fall 1: Tariflohn für alle?

2.1.1 Fallfrage

Katharina ist als Sekretärin bei der Baumeister GmbH angestellt. Die Baumeister-GmbH hat mit der zuständigen Gewerkschaft G einen eigenen Tarifvertrag ausgehandelt. Danach sollen jegliche Arbeitnehmer, die in den Geltungsbereich des Tarifvertrages fallen, einen Mindestlohn von 15,00 Euro die Stunde erhalten.

Katharina erhält nur 12,00 Euro pro Stunde und ist entsetzt, als sie von einem Kollegen erfährt, dass ein Tarifvertrag den Mindestlohn regelt. Katharina ist kein Mitglied der Gewerkschaft G. In ihrem Arbeitsvertrag findet sich auch kein Hinweis auf einen Tarifvertrag.

Kann sie sich dennoch auf den Tarifvertrag berufen und den dort geregelten Mindestlohn verlangen?

2.1.2 Lösung

Fraglich ist, ob Katharina (K) einen Anspruch auf Zahlung des tariflichen Mindestlohnes hat.

K könnte gegenüber der Baumeister GmbH (B) einen solchen Anspruch auf Zahlung des tarifvertraglich geregelten Mindestlohns i. H. v. 15,00 Euro aus § 4 Abs. 1 S. 1 TVG haben.

Dazu müsste die Regelung aus dem Tarifvertrag unmittelbar auf das Verhältnis zwischen K und B wirken. Zwar hat K einen Arbeitsvertrag mit der B. Fraglich ist aber, ob der Tarifvertrag auch Wirkung auf dieses Arbeitsverhältnis entfaltet.

Ein Tarifvertrag entfaltet Wirkung für die tarifgebundenen Parteien. Tarifgebunden sind nach § 3 Abs. 1 TVG die Mitglieder der Tarifvertragsparteien und der Arbeitgeber, der selbst Partei des Tarifvertrages ist. Tarifvertragsparteien sind nach § 2 TVG Gewerkschaften und Arbeitgeberverbände bzw. einzelne Arbeitgeber im Falle eines Haustarifvertrages.

Die B ist als Arbeitgeberin direkt Partei des Tarifvertrages und mithin tarifgebunden im Sinne des § 3 Abs. 1 TVG.

Fraglich ist aber, ob auch K tarifgebunden im Sinne des § 3 Abs. 1 TVG ist. Dafür müsste sie Mitglied der Tarifvertragspartei, also der Gewerkschaft sein. Dies ist gerade nicht der Fall.

Mithin entfaltet der Tarifvertrag zwischen G und der B keine Wirkung zugunsten der K. Auch haben K und die B nicht im Arbeitsvertrag die Geltung des Tarifvertrages ausdrücklich vereinbart.

K hat daher gegenüber der B keinen Anspruch auf Zahlung des tarifvertraglich geregelten Mindestlohns i. H. v. 15,00 Euro aus § 4 Abs. 1 S. 1 TVG.

▸ **Hinweise** Bei diesem Fall handelt es sich um einen sehr einfachen Einstiegsfall in die Materie des kollektiven Arbeitsrechts. Der Bearbeiter muss lediglich die Grundsystematik der Anwendbarkeit von Tarifverträgen beherrschen. Eine vertiefte Erörterung von Problemstellungen ist an keiner Stelle erforderlich.

▸ **Wesentliche Paragrafen** §§ 2, 3, 4 TVG

2.2 Fall 2: Arbeitsvertrag schlägt Tarifvertrag?

2.2.1 Fallfrage

Chantalle ist Absolventin des Studiengangs der Wirtschaftswissenschaften. Das Studium hat sie mit Bestnoten beendet. In den geführten Bewerbungsgesprächen konnte sie regelrecht spüren, dass die potenziellen Arbeitgeber sich geradezu um ihre Arbeitskraft reißen.

Zu der Super GmbH fühlt sich Chantalle am meisten hingezogen, sodass sie dort in die Verhandlungen tiefer einsteigt. Im Wesentlichen geht es ihr um die Anzahl der Urlaubstage und das Gehalt. Die Super GmbH erkennt das Potenzial von Chantalle und bietet ihr 32 Urlaubstage sowie ein ansprechendes Gehalt. Sodann wird ein entsprechender Arbeitsvertrag geschlossen.

Später überlegt Chantalle, ob sie nicht der Gewerkschaft G beitreten soll. In diesem Zusammenhang erfährt sie, dass die Super GmbH ihrerseits tarifgebunden ist. Im gültigen Tarifvertrag ist jedoch nur ein Urlaub von 28 Tagen vereinbart.

Chantalle fragt sich daher, ob der Tarifvertrag insoweit für sie Geltung entfalten würde und sie im Falle eines Gewerkschaftsbeitritts nur noch 28 Tage Jahresurlaub hätte.

2.2.2 Lösung

Fraglich ist, ob für Chantalle (C) die tarifvertragliche Regelung der 28 Urlaubstage oder die individualvertragliche Regelung der 32 Urlaubstage gelten würden, wenn C der Gewerkschaft (G) beitritt.

Der Tarifvertrag würde nach § 4 I TVG unmittelbare Geltung gegenüber C entfalten, wenn sie und die Super GmbH (S) tarifgebunden im Sinne des § 3 Abs. 1 TVG wären. Tarifgebunden sind gemäß § 3 Abs. 1 TVG die Mitglieder der Tarifvertragsparteien. Dies sind die Mitglieder der Gewerkschaft und des Arbeitgeberverbandes bzw. der Arbeitgeber, der selbst Partei des Tarifvertrages ist. Die S ist als Arbeitgeberin Partei des Tarifvertrages und mithin tarifgebunden im Sinne des § 3 Abs. 1 TVG. Mit einem entsprechenden Beitritt wäre C Mitglied der Gewerkschaft G.

Nach einem Beitritt der C zur G würde daher der Tarifvertrag Geltung für C nach § 4 Abs. 1 S. 1 TVG entfalten.

Fraglich erscheint jedoch, ob etwas anderes gelten muss, da die individualvertragliche Vereinbarung zwischen S und C für C vorteilhafter wäre als die Geltung des Tarifvertrages. Generell ist ein Tarifvertrag nach der arbeitsrechtlichen Normenhierarchie ranghöher einzustufen als eine arbeitsvertragliche Individualregelung und geht dieser folglich vor.

In § 4 Abs. 3 TVG findet sich jedoch die Regelung, dass eine Änderung der tarifvertraglichen Regelung zugunsten des Arbeitnehmers möglich ist. Aus diesem sog. Günstigkeitsprinzip lässt sich der Sinn und Zweck des Tarifvertrages aus Arbeitnehmersicht erkennen. Tarifverträge dienen dem Schutz der Arbeitnehmer durch die Gewährleistung eines dadurch erreichten Mindeststandards. Die Verhinderung von Besserstellungen soll jedoch gerade nicht erfolgen.

Würde nun eine bessere Individualregelung hinter die schlechtere tarifvertragliche Regelung zurücktreten, würde dies diesem Sinn und Zweck des Tarifvertrages entgegenstehen.

Folglich würde durch einen Gewerkschaftsbeitritt der C vorliegend zwar der Tarifvertrag Anwendung finden, die aus Sicht der C bessere arbeitsvertragliche Urlaubsregelung bliebe jedoch bestehen.

C hätte mithin weiterhin Anspruch auf 32 Tage Jahresurlaub.

▸ **Hinweise** Das Günstigkeitsprinzip ist ein Kernelement des Tarifvertragsrechts. Der Bearbeiter muss dieses kennen und unter Anführung des § 4 III TVG zur Anwendung bringen, nachdem zuvor die Grundzüge der Anwendbarkeit eines Tarifvertrages dargestellt wurden.

▸ **Wesentliche Paragrafen** §§ 2, 3, 4 TVG

2.3 Fall 3: Neue Besen kehren schlechter

2.3.1 Fallfrage

David ist Angestellter bei der Lund GmbH und trat bereits vor Beginn des Arbeitsverhältnisses der Gewerkschaft G bei. Im Zeitpunkt des Arbeitsvertragsabschlusses galt ein von der Gewerkschaft G mit der Lund GmbH geschlossenen Tarifvertrag. Darin war geregelt, dass die Lund GmbH jedem ihrer Arbeitnehmer jährlich ein Weihnachtsgeld i. H. v. jeweils 15% des Bruttomonatsgehaltes schuldet.

In einem später zwischen der Gewerkschaft G und der Lund GmbH geschlossenen Tarifvertrag wurde dagegen vereinbart, dass das Weihnachtsgeld pauschal 200 € für jeden Arbeitnehmer beträgt.

David, der seit Arbeitsvertragsbeginn ein Bruttomonatsgehalt von 3.500 € bekommt und somit nach alter Regelung ein Weihnachtsgeld i. H. v. 525 € erhalten würde, ist über den neuen Tarifvertrag empört. Er fragt sich deshalb, ob für ihn nicht doch der ältere, für ihn deutlich günstigere Tarifvertrag Geltung entfaltet.

2.3.2 Lösung

Fraglich ist, welcher der beiden Tarifverträge auf das Arbeitsverhältnis zwischen David (D) und der Lund GmbH (L) Anwendung findet.

Insoweit könnte zu Gunsten des D das Günstigkeitsprinzip nach § 4 III TVG greifen, sodass der ältere Tarifvertrag Anwendung findet und D somit weiterhin Weihnachtsgeld nach der alten Regelung des Tarifvertrages von der L beziehen würde.

Nach dem Günstigkeitsprinzip gelten abweichende Regelungen vom Tarifvertrag dann, wenn sie aus Sicht des Arbeitnehmers günstiger sind. Vorliegend weicht der alte Tarifvertrag zu Gunsten des D vom neuen Tarifvertrag ab. Fraglich ist aber, ob eine solche Abweichung zweier zeitlich aufeinanderfolgender Tarifverträge überhaupt vom Regelungsgehalt des § 4 III TVG umfasst ist.

Ein solches Verständnis wäre mit dem Wortlaut der Norm zwar vereinbar. Dagegen spricht jedoch, dass nach dem Sinngehalt der Regelung eine Abweichung vom Tarifvertrag durch rangniedrigeres Recht gemeint ist. Voraussetzung für die Anwendbarkeit des Günstigkeitsprinzips ist folglich, dass zwei rangunterschiedliche Regelungen miteinander konkurrieren.

Vorliegend wird jedoch der alte Tarifvertrag durch einen neuen Tarifvertrag ersetzt. Demzufolge handelt es sich hierbei nicht um eine Konkurrenz zweier arbeitsrechtlicher Rechtsgrundlagen auf verschiedenen Rangebenen, sondern vielmehr um eine Konkurrenz auf derselben Ebene. Die Anwendbarkeit des Günstigkeitsprinzips ist in diesem Fall demnach zu verneinen.

Stattdessen könnte der Grundsatz des Ordnungsprinzips gelten. Dieser besagt, dass bei gleichrangigen tariflichen Regelungen stets die jüngere vorgeht. Vorliegend ist dies der neuere Tarifvertrag.

Durch die Anwendung des hier einschlägigen Ordnungsprinzips lässt sich mithin abschließend feststellen, dass der neue Tarifvertrag der älteren Variante vorgeht und D lediglich Anspruch auf Zahlung des pauschalen Weihnachtsgeldes von 200 € hat.

▸ **Hinweise** Der vorliegende Fall verlangt vom Bearbeiter eine vertiefte Kenntnis des Günstigkeitsprinzips. Dieses ist trennscharf vom Ordnungsprinzip abzugrenzen. Zumindest muss der Bearbeiter aber erkennen, dass das Günstigkeitsprinzip bei einer Konkurrenz auf derselben Rechtsquellenebene nicht weiterhilft.

▸ **Wesentliche Paragrafen** § 4 TVG

2.4 Fall 4: Gekaufte Streikbrecher

2.4.1 Fallfrage

Die Mitarbeiter der Clein GmbH sind mit den allgemeinen Arbeitsbedingungen unzufrieden. Die Gehälter sind durchweg zu niedrig, die Pausen sind zu kurz und eine Kantine oder wenigstens ansprechende Sozialräume gibt es auch nicht.

Daher wendet die Belegschaft sich an die Gewerkschaft, die sodann Verhandlungen mit den Geschäftsführern der Clein GmbH aufnimmt, um einen Tarifvertrag für das Unternehmen zu schließen. Die Clein GmbH hat zwar einige Gespräche geführt, aber im Ergebnis den Abschluss eines Tarifvertrages abgelehnt.

Daher ruft die Gewerkschaft ihre bei der Clein GmbH beschäftigten Mitglieder nach ordnungsgemäßem Verfahren zum Arbeitskampf auf. Die Teilnahme der Arbeitnehmer am Streik ist sehr hoch, sodass die Clein GmbH die Produktion und Verwaltungstätigkeit insgesamt stilllegen muss.

Die Geschäftsführung ist empört und sucht nach einer Lösungsmöglichkeit. Nach kurzer Überlegungsphase hat sie eine rettende Idee: Die Geschäftsführer bieten einzelnen Mitarbeitern an, ihnen für die Zeit des Streikes das doppelte Gehalt zu zahlen, wenn sie weiter arbeiten. Dieses Angebot nehmen zahlreiche Arbeitnehmer an, sodass die betrieblichen Abläufe wieder weitestgehend gewährleistet werden können.

Die Gewerkschaft erfährt von den aus ihrer Sicht unmoralischen Angeboten und ist nun ihrerseits entsetzt. Sie verlangt Unterlassung der Maßnahme.

Zu Recht?

2.4.2 Lösung

Die Gewerkschaft (G) könnte gegenüber der Clein GmbH (C) einen Anspruch auf Unterlassung der Maßnahme nach § 1004 Abs. 1 S. 2 BGB analog in Verbindung mit Art. 9 Abs. 3 S. 1 GG haben.

Fraglich ist zunächst, ob § 1004 BGB vorliegend überhaupt einschlägig ist. Dagegen könnte sprechen, dass der Wortlaut der Norm nur auf einen Unterlassungsanspruch bei der Verletzung des Eigentums gerichtet ist. § 1004 Abs. 1 S. 2 BGB ist jedoch in analoger Anwendung auch auf sämtliche anderen absoluten Rechtsgüter und Rechte nach § 823 Abs. 1 BGB anzuwenden. Dies folgt aus dem Erfordernis eines umfassenden Schutzes der absoluten Rechte, welches auch einen Unterlassungsanspruch beinhalten muss.

Fraglich ist sodann weiter, ob Art. 9 Abs. 3 S. 1 GG ein solches absolutes Recht darstellt. Dies ist nach dem Normgehalt und Schutzbereich der Regelung zu beurteilen. Die in Art. 9 III GG normierte Koalitionsfreiheit beinhaltet nicht nur die Freiheit zur Gründung von Gewerkschaften, sondern auch die Freiheit zur gewerkschaftlichen Tätigkeit (sog. koalitionsspezifische Tätigkeit). Diese Freiheit besteht für jedermann und entfaltet als Schutzrecht eine Wirkung gegenüber dem Staat und jedweden sonstigen Dritten. Art. 9 III S. 1 GG ist somit als ein absolutes Recht im Sinne des § 823 Abs. 1 BGB zu qualifizieren.

Folglich könnte der Anwendungsbereich des vorgenannten Unterlassungsanspruchs der G gegenüber der C vorliegend eröffnet sein.

Damit der Tatbestand erfüllt ist, müsste die Koalitionsfreiheit der G durch die Maßnahme der C verletzt worden sein.

Dazu müsste der Streik zunächst eine koalitionsspezifische Tätigkeit darstellen. Art. 9 Abs. 3 S. 1 GG gewährleistet alle Maßnahmen, die erforderlich sind, um eine funktionsfähige Tarifautonomie sicherzustellen. Dies beinhaltet auch die Durchsetzung der Forderung nach einem Tarifvertrag durch Arbeitskampfmaßnahmen, solange der Streik rechtmäßig erfolgt. Rechtmäßige Streiks sind somit unter den Schutzzweck des Art. 9 Abs. 3 S. 1 GG gestellt, während rechtswidrige Streiks vom Anwendungsbereich ausgeschlossen sind.

Rechtmäßig ist ein Streik, wenn er als letztes Mittel nach ordnungsgemäßer Beschlussfassung durch eine Gewerkschaft zur Durchsetzung einer durch Tarifvertrag zu regelnden Forderung dient.

Dies ist hier der Fall. Die G hatte vorliegend zunächst versucht, ihre Forderungen zur Verbesserung der Arbeitsbedingungen in Gesprächen mit der Geschäftsführung durchzusetzen. Diese verliefen aufgrund der Ablehnung durch die C erfolglos. Somit war der Streik rechtmäßig und ist folglich vom Schutzbereich des Art. 9 Abs. 3 S. 1 GG erfasst.

Die Maßnahme der C müsste das Streikrecht der G als Ausprägung der Koalitionsfreiheit auch verletzt haben. Dies wäre der Fall, wenn die Zahlung des doppelten Gehalts an ausgewählte arbeitsbereite Arbeitnehmer rechtswidrig wäre. Rechtswidrig wäre diese Maßnahme dann, wenn sie kein legitimes Ziel verfolgt oder nicht geeignet, erforderlich und angemessen ist.

2.4 Fall 4: Gekaufte Streikbrecher

Generell ist es als legitimes Ziel zu betrachten, wenn ein Unternehmen die Auswirkungen eines Streiks in der Form abzuschwächen versucht, dass seine Produktion aufrechterhalten und der mögliche Verlust dadurch minimiert wird.

Auch könnte die Zahlung des doppelten Gehalts geeignet gewesen sein, um dieses Ziel zu erreichen. Geeignet ist ein Mittel dann, wenn es den verfolgten Zweck zumindest fördert. Durch die Zahlung des doppelten Gehalts sind zahlreiche Mitarbeiter ihrer Arbeit nachgegangen, sodass die Produktion weiter fortgeführt werden konnte. Das Mittel ist folglich geeignet gewesen.

Erforderlich war die Zahlung des doppelten Gehaltes dann, wenn es kein milderes Mittel gibt, welches den Zweck gleichermaßen fördern würde. Ein solches milderes Mittel ist insoweit nicht ersichtlich, weshalb die Zahlung auch erforderlich war.

Fraglich erscheint jedoch, ob die Zahlung auch angemessen war. Angemessen wäre sie dann, wenn sie nicht außer Verhältnis zu dem angestrebten Ziel steht. Die Zahlung eines doppelten Gehalts zur Wiederaufnahme der Tätigkeit ist für Arbeitnehmer ein interessantes Angebot. Die Verdopplung des Gehaltes beinhaltet einen ganz erheblichen Anreiz und dürfte eine Vielzahl von Arbeitnehmern dazu verleiten, eine Streikteilnahme aufzugeben. Die Wirkung dieser Maßnahme dürfte einen derart großen Einfluss auf die freie Entscheidungsfähigkeit der Arbeitnehmer darstellen, dass diese erheblich beeinträchtigt ist. Dadurch wird dem einzelnen Arbeitnehmer und damit der Gewerkschaft insgesamt die Durchsetzung von Forderungen durch einen Streik praktisch unmöglich gemacht.

Die vorliegend zu prüfende Maßnahme ist folglich nicht mehr als angemessen anzusehen. Mithin liegt ein nicht gerechtfertigter Eingriff in den Schutzbereich des Art. 9 Abs. 3 S. 1 GG demnach vor.

Somit hat die G einen Anspruch gegenüber der C auf die Unterlassung der Zahlung des doppelten Gehalts an einzelne Arbeitnehmer aus § 1004 BGB analog.

▸ **Hinweise** Das Streikrecht als Bestandteil der grundgesetzlich geschützten Koalitionsfreiheit ist durch Richterrecht umfangreich konkretisiert. Der Bearbeiter dieses Falles muss das Streikrecht herleiten können und in Grundzügen wissen, in welchem Umfang welche Betätigungen der Gewerkschaft wie geschützt sind.

   Insoweit ist vorliegend weniger die hier unproblematische Rechtmäßigkeit des Streiks, sondern der Eingriff des Arbeitgebers zu prüfen. Dabei muss der Bearbeiter zeigen, dass er im Rahmen der Prüfung schlüssig argumentieren kann. Bei einer guten Begründung wären auch andere Ergebnisse vertretbar.

▸ **Wesentliche Paragrafen** § 1004 BGB analog, Art. 9 GG

2.5 Fall 5: Wie Du mir, so ich Dir

2.5.1 Fallfrage

In dem Betrieb der Alpha AG wird von der Gewerkschaft G ordnungsgemäß zu einem Warnstreik für eine halbe Stunde aufgerufen, um die Forderung nach höheren Löhnen durchzusetzen. Die Verhandlungen waren zuvor erfolglos abgebrochen worden. An dem Streik beteiligten sich 100 von 250 Arbeitnehmern.

Die Geschäftsführung der Alpha AG will den Forderungen der streikenden Arbeitnehmer aber auch weiterhin nicht nachkommen. Daher verkündet die Geschäftsführung den streikenden Arbeitnehmern kurz nach Beginn des Streiks, dass diese für die folgenden zwei Tage nicht arbeiten dürfen und deshalb für diesen Zeitraum auch nicht bezahlt werden.

Die streikenden Arbeitnehmer sind entsetzt wegen dieser aus ihrer Sicht viel zu harten Maßnahme, die sie als Rache und Vergeltung empfinden. Der Arbeitgeber geht davon aus, sich rechtmäßig mit gleichen Mitteln gegen den Arbeitskampf der Arbeitnehmer zur Wehr zu setzen.

Haben die 100 Arbeitnehmer Anspruch auf Zahlung des Arbeitslohns gegenüber der Alpha AG für die zwei Tage?

2.5.2 Lösung

Die streikenden Arbeitnehmer könnten gegenüber der Alpha AG (A) einen Anspruch auf Zahlung des Arbeitslohns für die zwei Tage aus den §§ 611, 615 S. 1, 293, 294 BGB in Verbindung mit den jeweiligen Arbeitsverträgen haben.

Unproblematisch bestehen jeweils Arbeitsverträge nach § 611 BGB. Danach schuldet der Arbeitgeber die vereinbarte Vergütung nach der Erbringung der Arbeitsleistung. Diese ist aber gerade nicht erbracht worden.

Fraglich ist jedoch, ob die A in Annahmeverzug nach den §§ 615 S. 1, 293, 294 BGB geraten ist und deshalb trotzdem die vereinbarte Vergütung schuldet. Die Arbeitnehmer haben nach den §§ 293, 294 BGB ihre Arbeitsleistung ordnungsgemäß angeboten. Allerdings haben die Arbeitnehmer zuvor zusammen mit ihrer Gewerkschaft die A bestreikt. Erst daraufhin hat die A die Arbeitnehmer für zwei Tage von der Möglichkeit zur Erbringung der Arbeitsleistung ausgeschlossen.

Darin könnte eine rechtmäßige Aussperrung liegen, welche entgegen § 615 S. 1 BGB die A von der Pflicht zur Zahlung des vereinbarten Entgeltes befreien würde. Sollte die Maßnahme als Aussperrung rechtmäßig gewesen sein, so wären die sich aus dem Arbeitsverhältnis ergebenden Rechte und Pflichten für den Zeitraum der Aussperrung wechselseitig suspendiert.

Fraglich ist folglich, ob die Aussperrung durch die A rechtmäßig war. Grundsätzlich ist die Abwehraussperrung ein von der Rechtsprechung als zulässig anerkanntes Mittel des Arbeitgebers, um einem Streik entgegenzutreten.

Eine Aussperrung ist indes genau wie ein Streik nur dann rechtmäßig, wenn sie einer Verhältnismäßigkeitsprüfung standhält. Es müsste folglich ein legitimes Ziel mit dem geeigneten, erforderlichen und angemessenen Mittel verfolgt werden.

Sinn und Zweck der Abwehraussperrung ist es vorliegend, einem möglichen Verhandlungsübergewicht der Gewerkschaft entgegenzuwirken, welches durch die einseitige Durchführung des Streiks entstehen könnte. Auch dem Arbeitgeber soll ein Mittel gegenüber der Gewerkschaft zustehen, mit dem er sich gegen Streiks zur Wehr setzen kann. Ein legitimes Ziel ist somit gegeben.

Da die Aussperrung das Ziel der Herbeiführung eines Verhandlungsgegengewichts fördert, ist sie ein geeignetes Mittel.

Erforderlich wäre die Aussperrung dann, wenn kein milderes Mittel gegeben ist, welches den genannten Zweck gleichermaßen fördert. Vorliegend wurden die Arbeitnehmer für die Dauer von zwei Tagen ausgesperrt. Der Streik dauerte zuvor jedoch nur eine halbe Stunde. Es lässt sich nicht erkennen, aus welchen Gründen eine Aussperrung von einigen Stunden nicht ausgereicht hätte, um das zu erreichende Verhandlungsgleichgewicht zwischen Gewerkschaft und Arbeitgeber herzustellen. Eine deutlich kürzere Aussperrung wäre daher als milderes Mittel gleichermaßen geeignet gewesen. Die gegenständliche Aussperrung war mithin nicht erforderlich und demnach mangels Verhältnismäßigkeit rechtswidrig.

Eine rechtswidrige Aussperrung steht der Vergütungspflicht aufgrund des Annahmeverzuges nicht entgegen. Die Arbeitnehmer haben folglich trotz fehlender Erbringung ihrer Arbeitsleistung einen Anspruch auf Zahlung der vereinbarten Vergütung aus den §§ 611, 615 S. 1, 293, 294 BGB in Verbindung mit ihrem jeweiligen Arbeitsvertrag.

▶ **Hinweise** Genau wie ein Streik muss auch eine Aussperrung rechtmäßig erfolgen, um die wechselseitigen Pflichten aus dem Arbeitsverhältnis zu suspendieren. Der Fall kann dann gut gelöst werden, wenn der Bearbeiter das Zusammenspiel von Streik und Aussperrung aufzeigt und vertiefte Erwägungen zur Verhältnismäßigkeit aufzeigt.

▶ **Wesentliche Paragrafen** §§ 611, 615, 293, 294 BGB

2.6 Fall 6: Gleich oder nicht?

2.6.1 Fallfrage

Anton ist bei der Unter AG zu einem Stundenlohn von 15 € angestellt. Die Unter AG ist ein Zeitarbeitsunternehmen und verleiht ihre Arbeitnehmer entgeltlich an andere Unternehmen.

Dies gilt natürlich auch für Anton. Er wird an die Groß GmbH für einen Zeitraum von zehn Monaten verliehen. Anton arbeitet dort auch sehr gerne. Im Laufe der Zeit lernt er auch zahlreiche Kollegen kennen, die direkt bei der Groß GmbH arbeiten. Dabei erfährt er, dass die bei der Groß GmbH fest angestellten Kollegen 20 € pro Stunde mehr verdienen als er selbst. Dies verwundert ihn sehr, da alle gemeinsam die gleichen Tätigkeiten verrichten.

Er wendet sich an die Unter AG und verlangt die Zahlung des höheren Lohns. Die Unter AG weist die Forderung als unbegründet zurück. Sie verweist darauf, dass sie schließlich nichts dafür könne, dass die Groß GmbH deren Stammbelegschaft einen höheren Lohn zahlt. Die Unter AG habe mit diesem Arbeitsverhältnis nichts zu tun.

Anton wendet sich daher auch an die Groß GmbH und verlangt für den Zeitraum seiner Beschäftigung dort die Zahlung der Differenz zwischen dem von der Unter AG gezahlten Gehalt und dem im Betrieb der Groß GmbH üblichen Entgelt von 35 € je Stunde.

Wird Anton gegenüber der Unter AG oder der Groß GmbH seine Forderung durchsetzen können?

2.6.2 Lösung

I. Anspruch gegen die Unter AG

Anton (A) könnte aus § 611 BGB i. V. m. Arbeitsvertrag einen Anspruch auf Zahlung eines Stundenlohns i. H. v. 35 € gegenüber der Unter AG (U) haben. Zwischen den Parteien ist ein gültiger Arbeitsvertrag nach § 611 I BGB vorhanden. Danach schuldet die U als Arbeitgeberin die vereinbarte Vergütung, also nur die auch bereits gezahlten 15 €.

Fraglich ist jedoch, ob die vereinbarte Vereinbarung wirksam ist, zumal im Entleiherbetrieb die geforderten 35 € gezahlt werden. Die Vereinbarung der 15 € könnte nach § 9 Nr. 2, 8 AÜG unwirksam sein. Danach sind Vereinbarungen unwirksam, die für den Leiharbeitnehmer für die Zeit der Überlassung an einen Entleiher schlechtere als die im Betrieb des Entleihers für einen vergleichbaren Arbeitnehmer des Entleihers geltenden wesentlichen Arbeitsbedingungen einschließlich des Arbeitsentgelts vorsehen.

Der Verleiher ist nach § 8 I S. 1 AÜG verpflichtet ist, dem Leiharbeitnehmer für die Zeit der Überlassung an den Entleiher das im Betrieb des Entleihers für einen vergleichbaren Arbeitnehmer des Entleihers geltende Arbeitsentgelts zu zahlen.

Folglich ist zu fragen, ob die Vergütungsabrede zwischen A und der U wirksam ist. Dem Wortlaut des § 9 Nr. 2 AÜG ist zu entnehmen, dass sämtliche Vereinbarungen, die für den Leiharbeitnehmer für die Zeit der Überlassung an einen Entleiher schlechtere als die im Betrieb des Entleihers für einen vergleichbaren Arbeitnehmer des Entleihers geltenden Arbeitsbedingungen – einschließlich des Arbeitsentgelts – unwirksam sind. Dies entspricht auch dem gesetzlichen Zweck des Equal Pay, der dieser Regelung zu Grunde liegt. Dieser soll nur durch tarifvertragliche Abreden verändert werden können, wie sich den weiteren Regelungen des § 9 AÜG und insbesondere dem § 8 I S. 2 AÜG entnehmen lässt. Tarifvertragliche Regelungen sind vorliegend aber nicht vorhanden.

Wie bereits festgestellt, beinhaltet der zwischen dem A und der U geschlossene Arbeitsvertrag einen Stundenlohn von 15 €. Die Groß GmbH (G) hingegen zahlt anderen, mit A vergleichbaren Arbeitnehmern einen Stundenlohn von insgesamt 35 €. Dies stellt für den A deutlich schlechtere Arbeitsbedingungen i. S. v. § 9 Nr. 2 AÜG dar. Der zwischen A und der U vereinbarte Stundenlohn i. H. v. 15 € ist folglich während der Zeit der Überlassung des A für den Zeitraum von zehn Monaten unwirksam.

Die U schuldet dem A nach § 611 I BGB i. V. m. dem Arbeitsvertrag und den §§ 9 Nr. 4, 8 AÜG einen Stundenlohn von 35 €.

II. Anspruch gegen die G

Fraglich ist, ob der A auch einen Anspruch auf Zahlung eines Entgeltes von 35 € abzüglich erhaltener 15 € je Stunde gegen die G hat. Ein solcher Anspruch könnte wiederum aus § 611 BGB i. V. m. einem Arbeitsvertrag bestehen.

Vorliegend haben die vorgenannten Personen jedoch bereits keine arbeitsvertragliche Beziehung. Grundsätzlich gilt, dass der Leiharbeitnehmer mangels direkter vertraglicher Verbindung zum Entleiher keine arbeitsrechtlichen Ansprüche gegen diesen hat. Dieser Grundgedanke wird insbesondere bestätigt durch die gesetzliche Regelung des § 10 I S. 1 AÜG: Eine

2.6 Fall 6: Gleich oder nicht?

vertragliche Verbindung zwischen Entleiher und Leiharbeitnehmer entsteht regelmäßig erst dann, wenn das Arbeitsverhältnis zwischen Leiharbeitnehmer und Verleiher unwirksam ist.

Vorliegend ist zwischen dem A als Leiharbeitnehmer und der U als Verleiherin lediglich die Vergütungsabrede, also eine einzelne vertragliche Vereinbarung unwirksam, nicht jedoch der Arbeitsvertrag an sich.

Der A hat somit keine vertragliche Verbindung zur G. Ein Anspruch auf Entgelt besteht deshalb nicht.

Zusammenfassend ist daher festzustellen, dass der A seine Forderung nur gegen die U durchsetzen kann.

▶ **Hinweise** Der Fall setzt ein grundlegendes Verständnis der Leiharbeit voraus. Der Leiharbeitnehmer hat einen Arbeitsvertrag mit dem Leiharbeitgeber, nicht mit dem Entleiher.

Für eine gelungene Bearbeitung muss der Bearbeiter erkennen, dass sich aus dem AÜG bestimmte Schutzvorschriften für den Leiharbeitnehmer ergeben, die einen möglichen Missbrauch der Möglichkeiten der Leiharbeit verhindern sollen.

▶ **Wesentliche Paragrafen** § 611 BGB, §§ 9, 8 AÜG

2.7 Fall 7: Kalli will wählen

2.7.1 Fallfrage

Kalli ist bei der Superarbeit AG angestellt. Die Superarbeit AG ist eine Leiharbeitsfirma und stellt Arbeitnehmer ein, um diese wiederum an andere Unternehmen entgeltlich zu verleihen.

Ein guter Kunde der Superarbeit AG ist die Eisen GmbH. Diese entleiht regelmäßig verschiedene Arbeitnehmer der Superarbeit AG und vereinbart dafür ordnungsgemäß entsprechende Arbeitnehmerüberlassungsverträge.

So wird auch Kalli für einen Zeitraum von vier Monaten an die Eisen GmbH verliehen.

Als wenige Tage nach dem Beginn der Überlassung die Betriebsratswahlen in der Eisen GmbH anstehen, möchte auch Kalli daran teilnehmen. Schließlich will er möglichst aktiv daran mitwirken, dass ein qualifizierter Betriebsrat die Interessen der gesamten Belegschaft bei der Eisen GmbH vertritt.

Die Eisen GmbH sieht das jedoch anders: Sie ist der Auffassung, dass Kalli nicht ihr Arbeitnehmer und deshalb auch nicht wahlberechtigt für den Betriebsrat sei.

Kalli fragt nun Sie, ob er an der Wahl teilnehmen darf.

2.7.2 Lösung

Kalli (K) könnte gegenüber der Eisen GmbH (E) einen Anspruch auf Teilnahme an den Betriebsratswahlen nach den §§ 7 S. 2, 5 BetrVG haben.

Nach § 7 S. 1 BetrVG sind zunächst alle Arbeitnehmer, die das 18. Lebensjahr vollendet haben, berechtigt, den Betriebsrat zu wählen. Kalli ist unproblematisch Arbeitnehmer nach § 5 BetrVG.

§ 7 S. 2 BetrVG sieht für Leiharbeitnehmer jedoch eine Sonderregelung vor. Danach sind Leiharbeitnehmer dann wahlberechtigt, wenn sie länger als drei Monate im Betrieb eingesetzt werden.

Vorliegend ist K erst seit wenigen Tagen bei der E eingesetzt. Er soll jedoch für insgesamt vier Monate dort im Einsatz bleiben.

Fraglich ist daher, wie die Regelung des § 7 S. 2 BetrVG hinsichtlich des dort normierten Einsatzzeitraums von drei Monaten zu verstehen ist. Dem Wortlaut des § 7 S. 2 BetrVG lässt sich kein eindeutiges Ergebnis entnehmen. Einerseits kann dieser so verstanden werden, dass zum Zeitpunkt der Betriebsratswahl mindestens ein dreimonatiger Einsatz im Entleiherbetrieb vorliegen muss. Andererseits kann die Norm auch so gelesen werden, dass nur insgesamt ein mindestens dreimonatiger Einsatz vorliegen muss.

Da die Auslegung des Wortlautes zu keinem eindeutigen Ergebnis führt, ist der Sinn und Zweck der Regelung zu hinterfragen. Sinn und Zweck des § 7 S. 2 BetrVG ist es, dass Leiharbeitnehmer an die Stammbelegschaft herangeführt werden, ohne sie vollständig als Arbeitnehmer des Entleihers zu klassifizieren. Sie sollen grundsätzlich an Betriebsratswahlen teilnehmen können, um Einfluss auf die konkreten Arbeitsbedingungen im Entleiherbetrieb zu haben, da diese sie ebenso betreffen wie die Stammbelegschaft. Die zeitliche Vorgabe von drei Monaten soll gewährleisten, dass zumindest ein nennenswerter Zeitraum des Einsatzes vorliegt, sodass die Leiharbeitnehmer von den Arbeitsbedingungen auch tatsächlich nachhaltig betroffen sein können.

Folglich kann es auf den Zeitpunkt der Wahl nicht ankommen. Auch Arbeitnehmer, die am Wahltag noch keine drei Monate im Betrieb eingesetzt worden sind, befinden sich in der vorgenannten Situation, von der Arbeit des Betriebsrat direkt betroffen zu sein, wenn denn der Gesamteinsatz länger als drei Monate sein wird. Vor diesem Hintergrund kann sogar argumentiert werden, dass diese in besonderem Maße ein Interesse an der Betriebsratswahl haben, da sie möglicherweise noch länger im Betrieb sind als andere Leiharbeitnehmer, die zwar schon über drei Monate eingesetzt sind, deren Einsatz jedoch kurz nach der Wahl enden wird.

Insofern lässt sich der Sinn und Zweck des § 7 S. 2 BetrVG nur dann in die Praxis umsetzen, wenn der Einsatzzeitraum insgesamt auch unter Prognosegesichtspunkten angewendet wird. Demnach muss § 7 S. 2 BetrVG auch auf Leiharbeitnehmer angewandt werden, deren Einsatz für mehr als drei Monate geplant ist, zum Zeitpunkt der Betriebsratswahl diese Schwelle aber noch nicht überschritten ist. Der zuständige Wahlvorstand hat somit eine Entscheidung zu treffen, wie lange der Leiharbeitnehmer voraussichtlich im Betrieb beschäftigt sein wird.

K soll vorliegend für vier Monate bei der E eingesetzt werden. Der gesetzlich vorgeschriebene Zeitraum von drei Monaten wird folglich überschritten.

K hat demnach einen Anspruch gegenüber der E aus § 7 S. 2 BetrVG auf Teilnahme an den Betriebsratswahlen.

▶ **Hinweise** Die Wahlberechtigung und Wählbarkeit von Arbeitnehmern und Leiharbeitnehmern ist im BetrVG ausdrücklich geregelt. An einigen Stellen ergeben sich jedoch Auslegungsfragen. Der Bearbeiter muss vorliegend eine solche Auslegungsfrage erkennen und zielführend bearbeiten. Dabei kommt es neben dem richtigen Lösungsaufbau auf die Darlegung einer schlüssigen Argumentationskette an.

▶ **Wesentliche Paragrafen** §§ 5, 7 BetrVG

2.8 Fall 8: Richtig gezählt ist halb gewählt

2.8.1 Fallfrage

Sie sind Personalleiter der Xonta AG. Die Xonta AG ist ein rasant wachsendes Unternehmen. Im Betrieb sind derzeit 25 Arbeitnehmer beschäftigt, wovon 20 erst in den letzten fünf Monaten angestellt wurden. Diese Anzahl soll jedoch für absehbare Zeit so bleiben.

Dazu kommen noch zum derzeitigen Zeitpunkt 30 Leiharbeitnehmer, die für gewöhnlich jeweils nur für einen Monat entliehen werden. Insoweit besteht ein ständig wechselnder Bedarf an Leiharbeitskraft.

Bisher besteht kein Betriebsrat in der Xonta AG. Einige der Arbeitnehmer wünschen sich aber eine solche Interessenvertretung, da sie bei der Entwicklung des Unternehmens mitbestimmen möchten. Der Vorstand der Xonta AG wird daraufhin mit dem Anliegen aus dem Kreise der Belegschaft konfrontiert. Die Wahl sei bereits ernsthaft in Vorbereitung und solle schnellstmöglich erfolgen.

Der Vorstand fragt Sie, ob eine solche Wahl rechtlich überhaupt zulässig ist. Falls das der Fall sein sollte, stellt sich die weitere Frage, wie viele Betriebsräte zu wählen wären.

2.8.2 Lösung

I. Errichtung eines Betriebsrates

Die Arbeitnehmer könnten nach § 1 BetrVG berechtigt sein, einen Betriebsrat zu errichten. Gemäß § 1 Abs. 1 BetrVG werden in Betrieben mit in der Regel mindestens fünf ständigen wahlberechtigten Arbeitnehmern, von denen drei wählbar sind, Betriebsräte gewählt.

Fraglich ist, ob in der Xonta AG (X) in der Regel mindestens fünf ständig wahlberechtigte Arbeitnehmer beschäftigt sind. In der Regel ist dabei eine vergangenheits- und zukunftsbezogene Betrachtung der durchschnittlichen Lage gemeint. In der X sind insgesamt 55 Arbeitnehmer tätig. Davon sind jedoch 30 Arbeitnehmer als Leiharbeitnehmer nicht bei der X angestellt. Fraglich ist, ob diese unter § 7 I BetrVG fallen. Dies wäre nur dann der Fall, wenn sie mit ständigen Tätigkeiten betraut sind und folglich insoweit auf Stammarbeitsplätzen eingesetzt sind. Dies ist vorliegend nicht gegeben, da ein ständiger wechselnder Arbeitskraftbedarf vorliegt und die Einsatzzeiten von einem Monat entsprechend kurz sind.

Somit verbleiben für das Erreichen des Schwellenwertes des § 1 I BetrVG noch die 25 Arbeitnehmer. Die Mindestzahl von fünf ist daher zwar erreicht.

Es müssten jedoch darunter nach § 7 S. 1 BetrVG mindestens fünf Wahlberechtigte sein, wovon wiederum mindestens drei auch wählbar sein müssten.

Nach § 7 S. 1 BetrVG ist jeder volljährige Arbeitnehmer wahlberechtigt. Mangels entgegenstehender Sachverhaltsangaben sind damit auch alle 25 Arbeitnehmer wahlberechtigt.

Die Wählbarkeit richtet sich nach § 8 BetrVG. Wählbar sind danach alle Wahlberechtigten, die sechs Monate dem Betrieb angehören oder als in Heimarbeit Beschäftigte in der Hauptsache für den Betrieb gearbeitet haben. Fünf der 25 wahlberechtigten Arbeitnehmer gehören bereits mehr als sechs Monate dem Betrieb der X an. Somit sind sie gemäß § 8 Abs. 1 S. 1 BetrVG auch wählbar.

Alle Voraussetzungen des § 1 Abs. 1 BetrVG sind mithin erfüllt. Somit sind die Arbeitnehmer der X dazu berechtigt, einen Betriebsrat zu wählen.

II. Größe des Betriebsrats

Fraglich ist daher, wie groß der zu bildende Betriebsrat sein muss.

Die Größe des Betriebsrates bestimmt sich nach § 9 BetrVG. Entscheidend ist danach die Anzahl der wahlberechtigten Arbeitnehmer. Nach § 9 BetrVG besteht der Betriebsrat in Unternehmen mit in der Regel bis zu 20 Wahlberechtigten aus einer Person. Bei 21 bis 50 wahlberechtigten Arbeitnehmern wächst der Betriebsrat auf drei Mitglieder, bei Überschreiten der 50 bis zu 100 Wahlberechtigte sind es fünf Mitglieder.

Vorliegend sind bei der X insgesamt 55 Arbeitnehmer tätig, deren Wahlberechtigung jedoch gesondert festzustellen ist. Es ist daher insgesamt zu fragen, wie viele wahlberechtigte Arbeitnehmer in der Regel bei der X vorhanden sind. Von den 55 Arbeitnehmern sind wie bereits ausgeführt jedenfalls die 25 Stammarbeitnehmer nach § 7 BetrVG wahlberechtigt.

Die Leiharbeitnehmer wären nach § 7 S. 2 BetrVG wahlberechtigt, wenn sie länger als drei Monate im Betrieb eingesetzt wären. Dies ist jedoch nicht der Fall, da die jeweilige Einsatzzeit nur einen Monat beträgt.

Somit sind in der Regel 21 bis 50 Arbeitnehmer in dem Unternehmen beschäftigt. Der Betriebsrat muss somit gemäß § 9 BetrVG aus drei Mitgliedern bestehen.

▸ **Hinweise** Im BetrVG finden sich verschiedene Schwellenwerte, die jeweils genau betrachtet werden müssen. Der Bearbeiter muss erkennen, dass Leiharbeitnehmer nicht automatisch mitzuzählen sind. Genauso wenig dürfen Leiharbeitnehmer bei der Bestimmung der Arbeitnehmeranzahl stets ausgeschlossen werden. Hat der Bearbeiter ein entsprechendes Problembewusstsein entwickelt, ist mit einer vertretbaren Argumentation eine eigene Lösung für die mögliche Einbeziehung von Leiharbeitnehmern zu entwickeln.

▸ **Wesentliche Paragrafen** § 1, 5, 7, 8, 9 BetrVG

2.9 Fall 9: Arbeitnehmer ist gleich Arbeitnehmer?

2.9.1 Fallfrage

Die Schnabbel GmbH ist ein sehr erfolgreiches Technologieunternehmen. Das Geschäft ist von einem beständig hohen Arbeitsaufkommen geprägt. Deshalb greift die Schnabbel GmbH regelmäßig auf die Dienste von Leiharbeitnehmern zurück. Das Unternehmen hat insgesamt 879 Bestandsmitarbeiter und dazu weitere 292 Leiharbeitnehmer, welche die weiteren regelmäßig vorhandenen Arbeitsplätze besetzen.

Als die Betriebsratswahlen anstehen, nimmt der Wahlvorstand ordnungsgemäß seine Arbeit auf. Dieser führt die Wahlen sodann zu einem Betriebsbrat mit 13 Mitgliedern durch.

Einige der wahlberechtigten Arbeitnehmer sind jedoch nicht mit der Durchführung der Wahl einverstanden. Sie behaupten, dass der Betriebsrat 15 Mitglieder umfassen müsse. Schließlich wären auch die Leiharbeitnehmer als Arbeitnehmer des Betriebs zu zählen. Sie fechten die Wahl daher ordnungsgemäß an.

Mit Erfolg?

2.9.2 Lösung

Die Wahlanfechtung wäre nach § 19 Abs. 1 BetrVG erfolgreich, wenn gegen wesentliche Vorschriften des Wahlrechts, der Wählbarkeit oder des Wahlverfahrens verstoßen wurde und die Fehlerhaftigkeit der Wahl sich auf das Wahlergebnis ausgewirkt hätte.

Vorliegend könnte gegen Vorschriften des Wahlrechts verstoßen worden sein. In Betracht kommt eine falsche Berechnung der Betriebsratsgröße, indem die Leiharbeitnehmer nicht in die Berechnung der Schwellenwerte einbezogen worden sind.

Fraglich ist, ob Leiharbeitnehmer für die Schwellenwerte des § 9 BetrVG mitgezählt werden müssen. Diese Norm regelt, dass für die Berechnung der Zahl der Betriebsratsmitglieder die Anzahl der im Betrieb vorhandenen wahlberechtigten Arbeitnehmer maßgeblich ist. Je größer diese Zahl ist, desto größer ist der zu wählende Betriebsrat. Da Leiharbeitnehmer jedoch gerade keine Arbeitnehmer des Entleihers, sondern solche des Verleihers sind, könnten diese vom Anwendungsbereich der Norm ausgenommen sein.

Der Wortlaut des § 9 BetrVG ist insoweit nicht eindeutig, da die Formulierung „wahlberechtigte Arbeitnehmer" auch Leiharbeitnehmer einschließen könnte.

Die Norm ist folglich auslegungsbedürftig, sodass ihr Sinn und Zweck beleuchtet werden muss. Sinn und Zweck der Berechnung des Schwellenwertes nach § 9 BetrVG ist es, dass entsprechend der Anzahl der Arbeitnehmer eines Betriebes ein Betriebsrat gewählt wird, der im Verhältnis zur Gesamtbelegschaft angemessen groß ist, um seine gesetzlichen Aufgaben entsprechend wahrnehmen zu können. Die in der Norm vorgesehene Staffelung stellt folglich eine Relation zwischen Arbeitnehmeranzahl und Betriebsratsgröße her. Der Gesetzgeber geht davon aus, dass die Betriebsratsarbeit für eine bestimmte Anzahl von Arbeitnehmern eine bestimmte Anzahl von Betriebsräten erfordert, damit diese den mit der Mitarbeiteranzahl verbundenen Zeitaufwand auch bewältigen können. Fraglich ist daher, ob die Betriebsratsarbeit eine differenzierte Betrachtung hinsichtlich möglicher Aufgaben und den damit verbundenen Zeitaufwand betreffend die Stammbelegschaft oder Leiharbeitnehmer erfordert.

Die Betriebsratsaufgaben bestehen in Antrags-, Unterstützungs-, Initiativ-, Mitbestimmungs- und Teilnahmerechten. Insbesondere die Mitbestimmungsrechte in sozialen Angelegenheiten machen die besondere Stellung und Bedeutung des Betriebsrats deutlich. Der Betriebsrat hat dadurch die Möglichkeit, ganz erheblich auf die Arbeitsbedingungen im Betrieb einzuwirken. Die Mitgestaltung dieser Arbeitsbedingungen betrifft die Stammbelegschaft genauso wie länger im Unternehmen tätige Leiharbeitnehmer. Auch für Leiharbeitnehmer fällt ein bestimmter Arbeitsaufwand des Betriebsrates an, der sich durch die Wahrnehmung der vorgenannten Rechte des Betriebsrats ergibt. Zudem ist zu berücksichtigen, dass der Gesetzgeber durch die Normierung der Wahlberechtigung von Leiharbeitern, die länger als drei Monate im Betrieb eingesetzt sind, diese auch ausdrücklich in die Vertretung durch die Betriebsratstätigkeiten einbezieht.

Daher wäre es mit dem Sinn und Zweck des § 9 BetrVG nicht vereinbar, dass Leiharbeitnehmer bei einer Einsatzzeit von drei Monaten im Betrieb zwar wählen dürfen, aber dennoch nicht für die Schwellenwerte des § 9 BetrVG mit zählen. Leiharbeitnehmer sind somit bei der

Berechnung des Schwellenwertes des § 9 BetrVG jedenfalls dann zu berücksichtigen, wenn sie längerfristig auf Stammarbeitsplätzen des Betriebes eingesetzt werden.

Indem die Betriebsratsgröße mangels Berücksichtigung der Leiharbeitnehmer falsch berechnet wurde, wurde gegen § 9 BetrVG verstoßen. Dieser Fehler hat sich auch direkt auf die Wahlergebnisse ausgewirkt, da nicht die korrekte Anzahl von Betriebsräten gewählt wurde.

Die Wahlanfechtung wird somit nach § 19 Abs. 1 BetrVG Erfolg haben.

▶ **Hinweise** Die Schwellenwerte des BetrVG sind alleine durch eine Wortlautauslegung nicht immer sinnvoll anzuwenden. Der Bearbeiter muss daher eigene Argumentationen entwickeln, um zu einer vertretbaren Lösung zu kommen. Welche Entscheidung er letztlich trifft, ist dabei weniger wichtig für eine gute Lösung als die Herleitung schlüssiger Argumente.

▶ **Wesentliche Paragrafen** § 9 BetrVG

2.10 Fall 10: Das haben wir schon immer so gemacht

2.10.1 Fallfrage

Annalena ist Leiharbeitnehmerin bei der Schnauber-Zeitarbeitsfirma. Sie wird von dieser an die Maschinen GmbH überlassen, die mit mehr als 80 Arbeitnehmern Spezialwerkzeuge herstellt. In dem Überlassungsvertrag wird eine Überlassungsdauer von fünf Monaten vereinbart.

In der Maschinen GmbH wird Annalena dabei auf einem Arbeitsplatz eingesetzt, auf dem durchgehend Arbeit anfällt. Zuvor waren auf diesem Arbeitsplatz bereits fünf andere Leiharbeitnehmer beschäftigt. Auch ist bereits jetzt absehbar, dass nach den fünf Monaten, in denen Annalena die Tätigkeit übernehmen wird, der Arbeitskraftbedarf fortbestehen wird.

Der Betriebsrat ist mit dieser Personalpolitik der Maschinen GmbH ganz und gar nicht einverstanden. Nach seiner Auffassung ist es längst überfällig, dass anstelle der unterschiedlichen Leiharbeitnehmer endlich eine feste Kraft eingestellt wird.

Der Betriebsrat möchte sich deshalb dem Einsatz der Annalena im Betrieb entgegenstellen. Er teilt dem Arbeitgeber mit, dass der Einsatz der Annalena mitbestimmungspflichtig nach § 99 BetrVG wäre, und kündigt die Verweigerung der Zustimmung an. Die Geschäftsleitung der Maschinen GmbH versteht die Aufregung nicht. Erstens wäre der Einsatz von Leiharbeitnehmern keine personelle Einzelmaßnahme und damit nicht zustimmungsbedürftig, und zweitens habe man im Betrieb schon immer Leiharbeitnehmer ohne Beteiligung des Betriebsrates eingesetzt.

Hat der Betriebsrat eine Möglichkeit der Zustimmungsverweigerung?

2.10.2 Lösung

Der Betriebsrat der Maschinen GmbH (M) könnte ein Zustimmungsverweigerungsrecht nach § 99 Abs. II BetrVG haben, da die erforderliche Mindestgröße von 20 Arbeitnehmern für die Eröffnung der Mitbestimmungsregelung des § 99 I BetrVG vorliegend gegeben ist. Danach kann ein Betriebsrat aus den genannten unterschiedlichen Gründen die Zustimmung zu einer personellen Einzelmaßnahme verweigern.

Dafür müsste der Einsatz von Leiharbeitnehmern zunächst aber überhaupt eine personelle Einzelmaßnahme nach § 99 I BetrVG sein. Dagegen spricht, dass nach dem Wortlaut der Norm ausdrücklich von einer Einstellung die Rede ist. Das ist bei dem Einsatz von Leiharbeitnehmern aber gerade nicht der Fall. Indes ist insoweit § 14 III AÜG als ergänzende Sonderregelung zu beachten. Danach ist vor der Übernahme eines Leiharbeitnehmers zur Arbeitsleistung der Betriebsrat des Entleiherbetriebs nach § 99 BetrVG zu beteiligen.

Fraglich ist weiter, ob einer der Tatbestände des § 99 II BetrVG als Grund zur Zustimmungsverweigerung in Betracht kommt.

Dies könnte für § 99 II Nr. 1 BetrVG wegen Verstoßes gegen ein Verbotsgesetz der Fall sein. Hier könnte gegen § 1 I S. 4 AÜG verstoßen worden sein. Vor einer Prüfung einer möglichen Verletzung dieser Norm ist aber zu klären, ob § 1 Abs. 1 S. 4 AÜG überhaupt ein Verbotsgesetz ist.

§ 1 Abs. 1 S. 4 AÜG bestimmt, dass die Arbeitnehmerüberlassung vorübergehend bis zu einer Überlassungshöchstdauer von § 1 Abs. 1b AÜG erfolgt. Dabei findet sich in der Norm keine Rechtsfolge für den Fall einer Zuwiderhandlung. Die Norm hat folglich eher einen beschreibenden Charakter, was gegen eine Auslegung als Verbotsnorm spricht. Der Wortlaut alleine lässt aber keinen abschließenden Schluss zu, da die Norm auch nach ihrer Systematik und ihrem Sinn und Zweck zu beurteilen ist.

Hierbei fällt zunächst die Gesetzessystematik ins Auge. § 1 Abs. 1 S. 4 AÜG ist in Zusammenhang mit dem ersten Satz der Norm zu lesen. § 1 Abs. 1 S. 1 AÜG statuiert die Erlaubnispflicht der gewerblichen Arbeitnehmerüberlassung und ist damit seinerseits Verbotsgesetz. Der direkte Zusammenhang der beiden Sätze spricht dafür, dass auch beide Sätze als Verbotsgesetze zu werten sind.

Darüber hinaus ist der Sinn und Zweck zu berücksichtigen. Der Sinn und Zweck des § 1 Abs. 1 S. 4 AÜG liegt darin, den Schutz der Leiharbeitnehmer zu gewährleisten und eine dauerhafte Spaltung von Leiharbeitnehmern und Stammbelegschaft zu verhindern. Dieser Schutz kann jedoch nur erreicht werden, wenn § 1 Abs. 1 S. 4 AÜG genau wie der erste Satz der Norm als ein Verbotsgesetz angesehen wird. Andernfalls wäre eine dauerhafte Spaltung der Arbeitnehmerbelegschaft nicht zu verhindern.

Folglich handelt es sich bei § 1 Abs. 1 S. 4 AÜG um ein Verbotsgesetz.

Fraglich ist daher weiter, ob die Einstellung von Annalena (A) gegen § 1 Abs. 1 S. 4 AÜG verstößt. Danach sind Arbeitnehmerüberlassungen vorübergehend.

Mithin ist zu hinterfragen, welche Bedeutung dem Begriff „vorübergehend" zukommt. Dies könnte personen- oder arbeitsplatzbezogen zu verstehen sein. Eine solche unterschiedliche Auslegung ist insofern von erheblicher Bedeutung, als A selbst zwar nur für fünf Monate,

2.10 Fall 10: Wucher – Das haben wir schon immer so gemacht

also dem Wortsinne nach vorübergehend verliehen wurde, sie aber auf einem Arbeitsplatz tätig ist, auf dem jahrelanger, also dauerhafter Beschäftigungsbedarf gegeben ist.

Sofern der Begriff „vorübergehend" personenbezogen zu verstehen wäre, würde kein Verstoß gegen § 1 Abs. 1 S. 4 AÜG vorliegen. Wenn er jedoch arbeitsplatzbezogen zu verstehen wäre, läge ein Verstoß vor, da ein jahrelanger Beschäftigungsbedarf nicht mehr vorübergehend sein kann.

Sinn und Zweck der Begrenzung der Arbeitnehmerüberlassung auf nur vorübergehende Zeiträume ist die Verhinderung der dauerhaften Spaltung zwischen Bestands- und Leiharbeitnehmern durch unbegrenzten Einsatz von Leiharbeitnehmern. Dieses Ziel könnte nicht erreicht werden, wenn Leiharbeitnehmer auf einem Arbeitsplatz eingestellt werden dürften, um einen dauerhaften Beschäftigungsbedarf zu bedienen. Sonst wäre es möglich, anstelle festen Personals fortlaufend auf Leiharbeitnehmer zurückzugreifen, obwohl eigentlich Stammpersonal einzusetzen wäre, weil Dauerbedarf besteht. Sinn und Zweck der Arbeitnehmerüberlassung ist nach der gesetzlichen Wertung aber gerade nicht der Ersatz von Stammpersonal, sondern die Überbrückung vorübergehenden Arbeitskraftbedarfes. Der Begriff vorübergehend ist daher jedenfalls auch arbeitsplatzbezogen zu verstehen.

Indem A auf einem Arbeitsplatz eingesetzt werden soll, auf dem dauerhafter Arbeitsbedarf besteht, liegt ein Verstoß gegen § 1 Abs. 1 S. 4 AÜG vor.

Der Betriebsrat der M ist somit zur Verweigerung der Zustimmung nach § 99 Abs. 2 Nr. 1 BetrVG wegen Verstoßes gegen § 1 Abs. 1 S. 4 AÜG berechtigt.

▶ **Hinweise** Der Fall stellt verkürzt die Problematik der vorübergehenden Arbeitnehmerüberlassung dar, welche insgesamt auch einen europarechtlichen Hintergrund nah der Richtlinie 2008/104/EG hat. Es wird jedoch nicht erwartet, dass der Bearbeiter eine gebotene europarechtskonforme Auslegung des § 1 Abs. 1 S. 4 AÜG vollständig aufzeigt, da dies bereits stark fortgeschrittene Kenntnisse erfordern würde.

Für eine gute Lösung ist es hinreichend, die Problematik der Auslegung des Begriffs „vorübergehend" zu erkennen und zielführend zu lösen. Der Einbau in die Mitbestimmungsthematik weist keine besonderen Schwierigkeiten auf.

▶ **Wesentliche Paragrafen** § 99 BetrVG, §§ 1, 14 AÜG

2.11 Fall 11: Zu billig ist oft auch nicht gut

2.11.1 Fallfrage

Der Sachverhalt entspricht im Kern dem des vorgenannten Falles. Im Unterschied zum vorangegangenen Fall begründet die Maschinen GmbH das Entleihen der Annalena damit, dass sie Lohnkosten sparen möchte.

Die Annalena erhalte schließlich einen so geringen Lohn vom Verleiher, dass selbst die von der Maschinen GmbH zu zahlende Vergütung für die Arbeitnehmerüberlassung noch deutlich geringer sei als der Lohn vergleichbarer Arbeitnehmer im Stammpersonal.

Welche Möglichkeiten der Zustimmungsverweigerung kommen für den Betriebsrat der Maschinen GmbH in diesem Fall in Betracht?

2.11.2 Lösung

Wie bereits im vorigen Fall ausgeführt, könnte der Betriebsrat der Maschinen GmbH (M) ein Zustimmungsverweigerungsrecht nach § 99 Abs. II BetrVG haben, da die erforderliche Mindestgröße von 20 Arbeitnehmern für die Eröffnung der Mitbestimmungsregelung des § 99 I BetrVG vorliegend gegeben ist und der Einsatz von Leiharbeitnehmern auch eine personelle Einzelmaßnahme nach § 99 I BetrVG ist.

Fraglich ist daher, ob einer der Tatbestände des § 99 II BetrVG als Grund zur Zustimmungsverweigerung in Betracht kommt.

I. § 99 Abs. 2 Nr. 1 wegen Verstoßes gegen §§ 3 Abs. 1 Nr. 3, 9 Nr. 2 AÜG

Es könnte ein Zustimmungsverweigerungsrecht des Betriebsrates der M nach den §§ 99 Abs. 2 Nr. 1 BetrVG, 3 Abs. 1 Nr. 3, 9 Nr. 2 AÜG bestehen.

Dazu müsste § 3 Abs. 1 Nr. 3, 9 Nr. 2 AÜG eine Verbotsnorm sein und ein Verstoß gegen diese Regelung vorliegen. Nach der vorgenannten Regelung wird der sog. Equal-Pay-Grundsatz normiert. Danach soll im Kern der gleiche Lohn für gleiche Arbeit von Stammpersonal und Leiharbeitskräften festgelegt werden. Aus der Gesetzesformulierung und dem vorgenannten Zweck folgt, dass der Equal-Pay-Grundsatz als Gebot zu verstehen ist, nicht jedoch als sanktionsbelegte Verbotsnorm.

Somit stellt dieser Grundsatz keine Verbotsnorm dar. Die Frage, ob gegen den Grundsatz des Equal Pay verstoßen wurde, kann folglich dahinstehen.

Ein Zustimmungsverweigerungsrecht des Betriebsrates besteht mithin nicht nach § 99 Abs. 2 Nr. 1 BetrVG in Verbindung mit §§ 3 Abs. 1 Nr. 3, 9 Nr. 2 AÜG.

II. §§ 99 Abs. 2 Nr. 1 wegen Verstoßes gegen § 242 BGB

Bei einem Verstoß gegen den Equal-Pay-Grundsatz könnte jedoch ein Zustimmungsverweigerungsrecht des Betriebsrates der M nach § 99 Abs. 2 Nr. 1 BetrVG i. V. m. § 242 BGB bestehen.

Dazu müsste § 242 BGB eine entsprechende Verbotsnorm sein. § 242 BGB normiert den Grundsatz von Treu und Glauben. Ein Verstoß gegen diese Norm führt zur Nichtigkeit eines abgeschlossenen Rechtsgeschäftes. Folglich ist § 242 BGB ein Verbotsgesetz.

Sofern durch die Einstellung eines Leiharbeitnehmers mit einer Umgehung des Equal-Pay-Grundsatzes gegen Treu und Glauben verstoßen wird, ist die Einstellung an sich verboten und es läge ein entsprechendes Zustimmungsverweigerungsrecht vor.

Fraglich ist, ob dies der Fall ist. § 242 BGB geht vom Anstandsgefühl aller billig und gerecht Denkenden aus. In einer gezielten Umgehung des Equal-Pay-Grundsatzes ist ein Rechtsmissbrauch zu erkennen, da bewusst gegen die Rechtsordnung verstoßen wird, um sich einen unbilligen Vorteil zu verschaffen. Sofern ein Leiharbeitnehmer nur eingestellt wird, um Lohnkosten zu senken, verstößt dies folglich gegen Treu und Glauben. Dies ist vorliegend gegeben. Der Betriebsrat des Entleihbetriebes kann seine Zustimmung zur Einstellung somit verweigern.

▶ **Hinweise** Für eine gute Bearbeitung ist der Equal-Pay-Grundsatz zu erkennen und seine Eigenschaft als Verbotsgesetz zu prüfen. Hier ist eine eigene Argumentation gefragt, sodass die Entscheidung mit einer guten Begründung auch anders ausfallen kann. Das Erkennen des § 242 BGB als mögliche Verbotsnorm wäre bereits eine überdurchschnittliche Leistung. Das eigene Rechtsempfinden dürfte hier auf der Seite der Leiharbeitnehmer sein. Ein so gezielter Verstoß gegen den Equal-Pay-Grundsatz muss auch Betriebsräten Handlungsmöglichkeiten geben. Vor diesem Hintergrund dürfte eine entsprechende Argumentation dem Bearbeiter auch möglich sein.

▶ **Wesentliche Paragrafen** § 99 BetrVG, §§ 3, 9, 1, AÜG

2.12 Fall 12: Geschwindigkeit ist nicht alles

2.12.1 Fallfrage

Die Maschinen GmbH hat inzwischen aus ihren Fehlern gelernt. Sie möchte bei der Beschäftigung neuer Leiharbeitnehmer unbedingt den Equal-Pay-Grundsatz wahren. Außerdem wird sie keine Leiharbeitnehmer mehr auf Dauerarbeitsplätzen beschäftigen. Deshalb gehört es inzwischen zur Personalstrategie, nur noch für kurzfristige Arbeitsspitzen Leiharbeitnehmer einzusetzen.

Dies gilt auch für Jana, die für einen kurzen Zeitraum ausgeliehen werden soll. Als die Maschinen GmbH Jana als Leiharbeitnehmerin von dem Leiharbeitgeber Superarbeit AG für einige Monate ausleihen will, verweigert der Betriebsrat der Maschinen GmbH dennoch wieder die Zustimmung.

Der Betriebsrat stützt seine Verweigerung nunmehr auf § 99 Abs. 2 Nr. 1 BetrVG wegen Verstoßes gegen § 81 Abs. 1 SGB IX. Nach der Meinung des Betriebsrates wäre die Maschinen GmbH verpflichtet gewesen, zu prüfen, ob schwerbehinderte Menschen auf freien Arbeitsplätzen beschäftigt werden können. Dies gelte auch bei der Inanspruchnahme von Leiharbeitnehmern auf kurzfristigen und neuen Stellen.

Die Maschinen GmbH ist verwirrt. Sie ist der Auffassung, dass § 81 Abs. 1 SGB IX bei der Ausleihung von Leiharbeitnehmern gar nicht anzuwenden sei, da der kurzfristige Ausgleich von Auftragsspitzen, dem die Leiharbeit gerade dient, bei einer vorherigen Prüfung im Sinne des § 81 Abs. 1 SGB IX gar nicht mehr möglich wäre.

Hätte die Maschinen GmbH vor dem Einsatz von Jana eine Prüfung im Sinne des § 81 Abs. 1 SGB IX durchführen müssen, und ist die Zustimmungsverweigerung des Betriebsrates somit begründet?

2.12.2 Lösung

Der Betriebsrat könnte ein Zustimmungsverweigerungsrecht nach §§ 99 Abs. 2 Nr. 1 BetrVG wegen Verstoßes gegen § 81 Abs. 1 SGB IX haben. Da, wie in den vorigen Falllösungen bereits ausgeführt, eine Einstellung als personelle Einzelmaßnahme vorliegt und die Mindestarbeitnehmeranzahl von mehr als 20 erreicht wird, ist der Anwendungsbereich der Norm eröffnet.

Ein Recht zur Verweigerung der Zustimmung bestünde, wenn § 81 Abs. 1 SGB IX ein Verbotsgesetz im Sinne des § 99 Abs. 2 Nr. 1 BetrVG und die Maschinen GmbH (M) daraus verpflichtet wäre, vor dem Einsatz eines Leiharbeitnehmers eine Prüfung nach § 81 Abs. 1 SGB IX durchzuführen.

Zunächst ist folglich zu klären, ob § 81 Abs. 1 SGB IX ein Verbotsgesetz im Sinne des § 99 Abs. 2 Nr. 1 BetrVG ist.

Ein Verstoß gegen § 81 I SGB IX selbst führt nicht zu der Unwirksamkeit der Einstellung oder Übernahme. Allerdings ergibt sich aus dem Sinn und Zweck des § 81 Abs. 1 SGB IX sowie dessen hohem gesellschaftlichen Stellenwert als Schutznorm für behinderte Menschen, dass durch § 81 Abs. 1 SGB IX die personelle Maßnahme an sich verhindert werden soll. Das mit der Norm verfolgte Ziel kann nur erreicht werden, wenn die Maßnahme unterbleibt. Deshalb ist § 81 I SGB IX als Verbotsnorm im Sinne des § 99 II Nr. 1 BetrVG anzusehen.

Es ist daher zu fragen, ob gegen die Regelung verstoßen wurde. Dafür ist zunächst zu klären, ob bei dem Einsatz von Leiharbeitnehmern eine Prüfung nach § 81 Abs. 1 SGB IX durchgeführt werden muss. Der Wortlaut des § 81 Abs. 1 SGB IX sieht dabei keine Beschränkung der Prüfungspflicht auf dauerhafte Arbeitsplätze oder Stammarbeitsplätze vor. Danach würde sich die Prüfpflicht also auch auf nur vorübergehend zu besetzende Arbeitsplätze erstrecken.

Allerdings könnte der Sinn und Zweck der Leiharbeit einer Prüfpflicht entgegenstehen. Mit der Leiharbeit soll schnell und flexibel der Arbeitsbedarf zu Zeiten von Auftragsspitzen gedeckt werden. Eine Prüfung nach § 81 Abs. 1 SGB IX kann aufgrund der Beteiligung der Agentur für Arbeit jedoch mehrere Wochen dauern. Eine flexible Deckung des Arbeitsbedarfs bei Auftragsspitzen wäre dadurch möglicherweise nicht mehr zu erreichen.

Dem ist das gesetzliche Ziel des § 81 Abs. 1 SGB IX entgegenzuhalten. Danach soll schwerbehinderten Menschen eine Chance auf Teilhabe auf dem Arbeitsmarkt gegeben werden. Durch die Prüfungspflicht sollen Arbeitgeber entsprechend sensibilisiert und schwerbehinderten Arbeitnehmern gegenüber anderen ein gewisser Vorsprung eingeräumt werden.

Dieser gesetzliche Gedanke fußt auf dem grundgesetzlich verankerten Sozialstaatsprinzip und ist daher von hoher Bedeutung. Sofern dieser Zweck durch die Einstellung eines Leiharbeitnehmers umgangen werden könnte, würde folglich eine nicht beabsichtigte Schutzlücke entstehen und das Sozialstaatsprinzip verletzt werden.

Der Sinn und Zweck des § 81 Abs. 1 SGB IX unterstützt demnach den Wortlaut dieser Norm. Nur wenn sich § 81 Abs. 1 SGB IX auch auf die Übernahme von Leiharbeitnehmern erstreckt, werden schwerbehinderte Menschen auch umfänglich geschützt.

Danach war eine entsprechende Prüfung erforderlich. Da diese nicht erfolgt ist, wurde gegen ein Verbotsgesetz verstoßen.

2.12 Fall 12: Geschwindigkeit ist nicht alles

Der Verstoß der M gegen § 81 Abs. 1 SGB IX begründet somit ein Zustimmungsverweigerungsrecht des Betriebsrates. Der Einsatz der Jana hat mithin zu unterbleiben.

▸ **Hinweise** Leiharbeit dient dem anerkannten Interesse von Arbeitgebern nach flexiblen Lösungen für kurzfristigen Arbeitskraftbedarf. Dieses Interesse muss jedoch mit schutzwürdigen Belangen von Arbeitnehmern abgewogen werden. Vorliegend muss der Bearbeiter daher den Zielkonflikt mit dem Schutz behinderter Menschen erkennen und zielführend abwägen.

Wichtig ist zu erkennen, dass die Auslegung einer Norm als Verbotsgesetz eher sinnorientiert erfolgt und nicht nur auf mögliche Sanktionsmechanismen abstellt.

▸ **Wesentliche Paragrafen** § 99 BetrVG, § 81 SGB IX

2.13 Fall 13: Durchsetzungsstarker Betriebsrat

2.13.1 Fallfrage

Die Umbau AG beschäftigt bereits mehrere hundert Arbeitnehmer und möchte nun gerne erstmals eine Leiharbeitnehmerin vom Verleiher Schnellschrauber GmbH zusätzlich ausleihen.

Der Betriebsrat der Umbau AG ist empört, da die Umbau AG dem Betriebsrat keine Unterlagen wie Bewerbungsschreiben, Lebenslauf etc. über den Leiharbeitnehmer vorlegen konnte.

Die Umbau AG hält dem entgegen, dass es nicht in ihrem Pflichtenkreis liegt, diese Informationen vor dem Abschluss eines Arbeitnehmerüberlassungsvertrages mit der Schnellschrauber GmbH und dem anschließenden Einsatz eines Leiharbeitnehmers zu beschaffen. Die Umbau AG meint, dass schließlich keine richtige Einstellung vorliege und deshalb der Betriebsrat auch kein Recht habe, Informationen über den einzusetzen Leiharbeitnehmer zu bekommen. Dieser habe mit der Stammbelegschaft nichts zu tun und sei bereits nach einigen Monaten gar nicht mehr im Betrieb.

Hat der Betriebsrat ein Recht auf Informationen über die Person des Leiharbeitnehmers? Und wie könnte der Betriebsrat ein solches Recht durchsetzen?

2.13.2 Lösung

I. Recht auf Information

Der Betriebsrat der Umbau AG (U) könnte gegenüber der U einen Anspruch auf Herausgabe von Informationen über die Person des Leiharbeitnehmers gemäß § 99 Abs. 1 BetrVG haben. Wie bereits in den vorigen Fällen ausgeführt, findet die Norm auch auf den Einsatz von Leiharbeitnehmern Anwendung. Die Mindestarbeitnehmeranzahl wird gleichfalls erreicht.

Ein Anspruch seitens des Betriebsrates würde bestehen, wenn die U verpflichtet wäre, diesem Informationen über die Person des Leiharbeitnehmers vorzulegen. Bei einer Einstellung als personeller Einzelmaßnahme nach § 99 I BetrVG ist dies der Fall. Fraglich ist aber, ob dies auch für den Einsatz von Leiharbeitnehmern gelten kann.

Aus den Besonderheiten eines Leiharbeitsverhältnisses könnte sich ergeben, dass den Arbeitgeber keine entsprechende Informationspflicht trifft. Generell hat ein Entleihbetrieb bis kurz vor der Übernahme keine Kenntnis, welche Person genau an ihn verliehen wird. Ihm verbleibt folglich allenfalls eine sehr kurze Zeitspanne für die Weitergabe von Informationen an den Betriebsrat. Auch ist nicht von der Hand zu weisen, dass ein Leiharbeitsverhältnis möglicherweise nur für einen kurzen Zeitraum begründet wird. Es können folglich gute Gründe dafür angeführt werden, den Arbeitgeber nicht mit der Informationspflicht zu belegen.

Es ist aber weiter zu fragen, ob der Gesetzeszweck des § 99 I BetrVG mit einer solchen Ausnahme der Informationspflicht vereinbar ist. Das Informationsrecht dient dazu, dem Betriebsrat die Ausübung seines Mitbestimmungsrechts sowie seiner sonstigen Beteiligungsrechte zu ermöglichen. Ohne die Informationen über die Person des Arbeitnehmers kann der Betriebsrat seine Aufgaben nicht ordnungsgemäß wahrnehmen. Dies wird ganz besonders vor dem Hintergrund der Verweigerungsgründe des § 99 II BetrVG deutlich, die Informationen über die Person geradezu voraussetzen. Insoweit ist kein Unterschied zwischen Leiharbeitnehmern und der Stammbelegschaft zu erkennen. Folglich wäre der Gesetzeszweck nicht zu erreichen, wenn sich der Informationsanspruch nicht auch auf die Personalien des Leiharbeitnehmers erstrecken würde.

Dem stehen die praktischen Schwierigkeiten einer möglicherweise kurzen Zeitspanne zwischen Erkennen des Arbeitskraftbedarfes und Abschluss des Arbeitnehmerüberlassungsvertrages nebst Identifikation einer konkreten Person auch nicht entgegen. Die Wahrung der gesetzlichen Mitbestimmung zum Schutz der Arbeitnehmerschaft ist insofern höher anzusiedeln als das Flexibilitätsinteresse des Arbeitgebers, da diesem ein ggf. höherer Aufwand zugemutet werden kann.

Dem Betriebsrat der U müssen somit die Personalien des zu übernehmen geplanten Leiharbeitnehmers vorgelegt werden.

II. Durchsetzung des Informationsrechtes

Sofern sich die U weiterhin weigern sollte, die Information über die Personalien des einzusetzenden Leiharbeitnehmers preiszugeben, wäre die personelle Maßnahme wie ausgeführt wegen eines Verstoßes gegen § 99 I BetrVG betriebsverfassungswidrig.

Der Betriebsrat der U könnte dann nach § 101 S. 1 BetrVG beim Arbeitsgericht beantragen, dem Arbeitgeber aufzuerlegen, die personelle Maßnahme zu unterlassen bzw. aufzuheben. Sofern der Arbeitgeber dem trotz einer entsprechenden gerichtlichen Entscheidung noch immer nicht nachkommen sollte, könnte der Betriebsrat weiterführend beantragen, dem Arbeitgeber ein Zwangsgeld von bis zu 250 € je Tag aufzuerlegen, solange der Zustand der Rechtswidrigkeit vorhält.

▶ **Hinweise** Das Informationsrecht ist ein wichtiger Eckpfeiler des Mitbestimmungsrechts nach § 99 BetrVG. Nur wenn das Informationsrecht erfüllt wurde, kann der Betriebsrat seine Zustimmungsverweigerungsgründe nach § 99 Abs. 2 BetrVG effektiv geltend machen.

Diesen Zusammenhang muss der Bearbeiter erkennen. Einwände der Praktikabilität von Seiten des Arbeitgebers können gegen das Informationsrecht nicht durchdringen.

▶ **Wesentliche Paragrafen** §§ 99, 101 BetrVG

2.14 Fall 14: Für immer verhindert?

2.14.1 Fallfrage

Die Umbau AG hat aus dem vorgenannten Fall gelernt und dem Betriebsrat nunmehr sämtliche Unterlagen vorgelegt. Es soll Anja ausgeliehen werden.

Der Betriebsrat freut sich über dieses Einsehen. Er will jedoch den Leiharbeitnehmereinsatz weiterhin verhindern.

Nach seiner Auffassung habe der Arbeitgeber gegen § 81 Abs. 1 SGB IX verstoßen, da er nicht hinreichend die Möglichkeiten des Einsatzes eines schwerbehinderten Arbeitnehmers geprüft hätte. Daher verweigert der Betriebsrat der Umbau AG die Zustimmung zu der Übernahme von Anja nach § 99 Abs. 2 Nr. 1 BetrVG.

Die Umbau AG ist sich sicher, vollumfänglich geprüft zu haben, und weist den Einwand des Betriebsrates von sich.

Gleichzeitig soll das Arbeitsgericht eingeschaltet werden, da die Umbau AG den Leiharbeitnehmereinsatz dringend durchsetzen möchte. Während eines laufenden arbeitsgerichtlichen Verfahrens will die Umbau AG Anja aber bereits beschäftigen, da sie andernfalls erhebliche Umsatzeinbußen zu ertragen hätte und die Stammbelegschaft trotzdem unzählige Überstunden ableisten müsste.

Was raten Sie der Umbau AG?

Zusatzfrage: Sind Sie der Auffassung, dass die Zustimmungsverweigerungsgründe ein wirksames Mittel für den Betriebsrat darstellen, um den Einsatz von Leiharbeitnehmern zu verhindern?

2.14.2 Lösung

I. Durchführung des Leiharbeitnehmereinsatzes

Fraglich ist, ob die Umbau AG (U) die Anja (A) bereits im Betrieb einsetzen kann, obwohl der Betriebsrat die Zustimmung zur Übernahme von A nach § 99 Abs. 2 Nr. 1 BetrVG i. V. m. § 81 Abs. 1 SGB IX verweigert hat.

Die U könnte trotz der erfolgten Verweigerung der Zustimmung durch den Betriebsrat die A beschäftigen, wenn nach § 100 I S. 1 BetrVG bei dem Arbeitsgericht die Ersetzung der Zustimmung beantragt wird und die Beschäftigung aus sachlichen Gründen dringend erforderlich ist.

Fraglich ist daher, ob die sofortige Beschäftigung der A aus sachlichen Gründen dringend erforderlich ist. Dringende sachliche Gründe sind solche, die ein verantwortungsbewusster Arbeitgeber im Interesse des Unternehmens unverzüglich oder wenigstens alsbald ergreifen müsste. Die Maßnahme dürfte keinen weiteren Aufschub dulden, um nicht wesentliche betriebliche Nachteile auszulösen. Vorliegend würde die U zum einen erhebliche Umsatzeinbußen erleiden, wenn die A nicht vorläufig beschäftigt werden kann. Zum anderen würde die Stammbelegschaft der U eine ganz wesentliche Zahl von Überstunden ableisten müssen. Ein verantwortungsbewusster Unternehmer würde in einer solchen Lage im Interesse des Unternehmens eine Aushilfskraft einstellen, um die Umsatzeinbußen zu verhindern und zusätzliche Lasten von den übrigen Arbeitnehmern zu nehmen. Dies muss auch sofort erfolgen, sodass nicht monatelange Rechtsstreitigkeiten abgewartet werden können.

Die vorläufige Beschäftigung der A ist somit durch sachliche Gründe dringend erforderlich.

Die U kann die A vorläufig im Sinne des § 100 Abs. 1 BetrVG beschäftigen. Der Betriebsrat muss über diese Tatsache sowie die rechtlichen Folgen vollumfänglich informiert werden und kann dann nach § 100 II BetrVG seinerseits wiederum widersprechen, woraufhin die U das Arbeitsgericht anrufen muss. Die vorläufige Beschäftigung bleibt während des Verfahrens aber bestehen.

Der U ist daher zu raten, die Beschäftigung nach § 100 I BetrVG vorläufig vorzunehmen.

II. Zustimmungsverweigerung zur Begrenzung von Leiharbeit

Die Zustimmungsverweigerungsgründe sind für den Betriebsrat ein effektives Mittel, um den Einsatz von Leiharbeitnehmern zumindest zu erschweren. Die Regelungen des § 99 II BetrVG geben dem Betriebsrat grundsätzlich die Möglichkeit, zum Schutz der vorhandenen Belegschaft zu prüfen, ob die Beschäftigung von Leiharbeitnehmern dieser schadet.

Der Arbeitgeber hat jedoch auch die Möglichkeit der vorläufigen Durchführung der personellen Maßnahme wegen Dringlichkeit. Zwar kann der Betriebsrat immer noch auch für die vorläufige Maßnahme die Zustimmung nach § 100 Abs. 2 BetrVG verweigern und den Arbeitgeber zur gerichtlichen Zustimmungsersetzung zwingen.

Wenn das Arbeitsgericht eine Entscheidung getroffen hat, kann der Einsatz des Leiharbeitnehmers indes bereits wieder beendet sein.

2.14 Fall 14: Für immer verhindert?

Das Recht zur Zustimmungsverweigerung ist daher zwischen Arbeitgeber und Betriebsrat gesetzlich dahingehend austariert, dass dem Arbeitgeber zwar Letztentscheidungskompetenzen verbleiben, der Betriebsrat jedoch erheblichen Einfluss nehmen kann.

Der Einsatz von Leiharbeitnehmern wird nur in seltenen Fällen gänzlich verhindert werden können. Dem Betriebsrat stehen jedoch auch unter Berücksichtigung von Aufwands- und Kostenaspekten seitens des Arbeitgebers wirksame Begrenzungsmöglichkeiten zur Verfügung.

▸ **Hinweise** Zur Beantwortung der ersten Frage wird von dem Bearbeiter erwartet, dass er § 100 BetrVG findet und die im Sachverhalt angegebenen Tatsachen bewertet. Diese geben hinreichen Raum für die Annahme sachlicher Gründe für die Dringlichkeit.

Mit Beantwortung der zweiten Frage zeigt der Bearbeiter, dass er die Gesamtsystematik der §§ 99, 100 BetrVG verstanden hat. Je nach Gewichtung der wechselseitigen Möglichkeiten zwischen Arbeitgeber und Betriebsrat wären hier auch andere Ergebnisse möglich gewesen, wenn dies mit einer schlüssigen Argumentation dargelegt wird.

▸ **Wesentliche Paragrafen** §§ 99, 100 BetrVG

2.15 Fall 15: Überwachung ist immer gut

2.15.1 Fallfrage

Die Geschäftsführer der Bärenarbeit GmbH wollen die Leistung und Arbeitsweise ihrer Mitarbeiter stärker in den Blick nehmen, um Prozesse und Arbeitsabläufe zu optimieren.

Dazu sollen flächendeckende Kameras an den Ecken des Großraumbüros angebracht werden, um einen Überblick zu gewinnen. Die Geschäftsführer wollen die geplante Maßnahme schnellstmöglich umsetzen.

Hat der Betriebsrat der Bärenarbeit GmbH insoweit ein Mitbestimmungsrecht? Falls das der Fall sein sollte, wird der Betriebsrat die Einführung verhindern können?

Abwandlung

Angenommen, die Bärenarbeit GmbH beschäftigt auch regelmäßig Leiharbeitnehmer, für deren Tätigkeitsbereiche gesonderte Videoüberwachungen stattfinden sollen. Hätte der Betriebsrat der Bärenstark GmbH in diesem Fall ein Mitbestimmungsrecht über die Einführung der genannten Maßnahme?

2.15.2 Lösung

Ausgangsfall

Der Betriebsrat der Bärenarbeit GmbH (B) könnte bezüglich der Einführung von Videokameras im Büro ein Mitbestimmungsrecht nach § 87 Abs. 1 Nr. 6 BetrVG haben, wenn es technische Überwachungsmaßnahmen wären, die dazu dienen, die Leistung oder das Verhalten der Arbeitnehmer zu überwachen.

Die Kameraüberwachung in den Ecken des Großraumbüros ist vorliegend darauf gerichtet, die Leistung und Arbeitsweise zu betrachten, um eben diese zu optimieren. Dadurch werden zumindest durch die Kameras als technische Mittel auch das konkrete Verhalten und die konkrete Arbeitsleistung der im Büro befindlichen Arbeitnehmer gefilmt, sodass eine Überwachung vorliegt.

Fraglich ist, ob daraus bereits ein Verweigerungsrecht des Betriebsrates erwächst. Der Betriebsrat könnte nach § 87 Abs. 1 Nr. 6 BetrVG die Zustimmung zur Anbringung von Kameras in den Ecken des Großraumbüros verweigern, wenn der Sinn und Zweck dieses Mitbestimmungstatbestandes die Zustimmungsverweigerung erfordert. Zweck der Mitbestimmung des Betriebsrates ist insoweit der Schutz des Persönlichkeitsrechts der Arbeitnehmer. Die Arbeitnehmer sollen vor entsprechenden Gefahren und Eingriffen geschützt werden, die mit dem Einsatz von technischen Einrichtungen zur Kontrolle verbunden sind.

Dieses Schutzinteresse ist mit den Interessen des Arbeitgebers an einer technischen Kontrolle der Arbeitsleistung seiner Arbeitnehmer in Einklang abzuwägen. Der Arbeitgeber hat als Gläubiger der Arbeitsleistung ein Interesse daran zu überprüfen, ob die Arbeitsleistung ordnungsgemäß erbracht wird. Die Mitbestimmung des Betriebsrates ist dabei darauf gerichtet, ungerechtfertigte Eingriffe in das Persönlichkeitsrecht der Arbeitnehmer zu verhindern, sodass die Verweigerung der Zustimmung zumindest einer dahingehenden Gefahr bedarf.

Das Anbringen von Kameras, die aus den Ecken des Büros flächendeckend den gesamten Großraum überwachen, stellt einen solchen Eingriff in das Persönlichkeitsrecht der Arbeitnehmer dar, da diese dadurch von der B während der gesamten Arbeitszeit ununterbrochen und individuell überwacht werden können. Das Interesse der B an einer solchen vollständigen Kontrolle der von ihr bezahlten Mitarbeiter wäre allenfalls dann höher anzusiedeln, wenn jedenfalls konkrete Anhaltspunkte für eine wesentliche Verletzung der Arbeitspflicht vorlägen. Durch die Anbringung der Kameras wird den Arbeitnehmern nicht einmal mehr eine gewisse Intimsphäre gewährt.

Die Einführung von technischen Einrichtungen zur Überwachung an sich unterliegt demnach grundsätzlich dem Mitbestimmungstatbestand des § 87 Abs. 1 Nr. 6 BetrVG. Im vorliegenden Fall kann der Betriebsrat zudem seine Zustimmung erfolgsversprechend verweigern, da entsprechend ein ungerechtfertigter Eingriff in das Persönlichkeitsrecht der Arbeitnehmer gegeben ist.

Abwandlung

Der Betriebsrat der B könnte auch hinsichtlich im Betrieb beschäftigter Leiharbeitnehmer ein Mitbestimmungsrecht nach § 87 Abs. 1 Nr. 6 BetrVG haben. Fraglich ist, ob das Mitbestimmungsrecht dem Betriebsrat auch insoweit zusteht, da die Gesetzesformulierung nur von Arbeitnehmern spricht.

Entscheidend ist folglich die inhaltliche Auslegung der Norm. Der Zweck des § 87 BetrVG besteht darin, das Weisungsrecht des Arbeitgebers in sozialen Angelegenheiten zu beschränken und dessen insoweit bestehende Interessen in einen Ausgleich mit denen der Arbeitnehmer zu bringen.

Das gilt grundsätzlich für alle im Verleihbetrieb eingesetzten Arbeitnehmer. Der Betriebsrat ist in sozialen Angelegenheiten folglich für den Leiharbeitnehmer zuständig, soweit die soziale Angelegenheit das Weisungsrecht des Entleihbetriebes betrifft. Nur, wenn die soziale Angelegenheit direkt an das Bestehen eines Arbeitsverhältnisses anknüpft, muss der Betriebsrat des Verleihbetriebes zuständig sein.

Vorliegend sind Leiharbeitnehmer technischen Einrichtungen zur Kontrolle der Arbeitsweise und Leistung im Betrieb der B in gleicher Weise ausgesetzt wie die Bestandsarbeitnehmer.

Dem Betriebsrat des Entleihbetriebes steht daher das Mitbestimmungsrecht nach § 87 Abs. 1 Nr. 6 BetrVG auch in Bezug auf Leiharbeitnehmer zu.

▸ **Hinweise** Der Bearbeiter muss hier erkennen, dass die Einschlägigkeit des Mitbestimmungsrechts und eine begründete Verweigerung der Zustimmung jeweils ausführlich zu prüfen sind. Dafür ist der Schutzzweck des Mitbestimmungsrechts zu ermitteln. Sodann ist ein sachgerechtes Ergebnis zu ermitteln und zu begründen. Hinsichtlich der Abwandlung musste dem Bearbeiter weiterführend bekannt sein, dass die Arbeitgeberbefugnisse im Rahmen eines Leiharbeitsverhältnisses zwischen Leiharbeitgeber und Entleiherbetrieb aufgespalten sind. Für die einzelnen Mitbestimmungsrechte aus § 87 Abs. 1 BetrVG ist daher im Einzelfall zu untersuchen, ob der Verleih- oder Entleihbetrieb das Weisungsrecht über den betroffenen Leiharbeitnehmer ausübt, woraus sich wiederum die Zuständigkeit des Betriebsrates ableitet.

▸ **Wesentliche Paragrafen** § 87 BetrVG

2.16 Fall 16: Antrag auf Rückgängigmachung einer Einstellung

2.16.1 Fallfrage

Die Lustig GmbH ist ein mittelständisches Unternehmen, das 19 in Vollzeit und 17 in Teilzeit angestellte Arbeitnehmer beschäftigt. Ein Betriebsrat ist auch vorhanden.

Kürzlich ist nun ein Arbeitsplatz in der Verwaltung der Lustig GmbH frei geworden, die intern besetzt werden soll. Personalleiter Pedro möchte die zur Verfügung stehende Stelle mit seinem besten Freund Max besetzen, weil er sich mit diesem eine besonders vertrauensvolle Zusammenarbeit erhofft. Interesse an der Stelle hat auch Alexandra, die deutlich besser qualifiziert ist.

Der Geschäftsführer will der Einschätzung seines Personalchefs folgen und bittet den Betriebsrat ordnungsgemäß um Zustimmung. Der Betriebsrat widerspricht form- und fristgerecht mit der Begründung, dass Alexandra besser geeignet wäre.

Gleichwohl wird Max auf die freie Stelle gesetzt. Noch am selben Tag beginnt dieser mit der Arbeit.

Der Betriebsrat wendet sich sodann am Folgetag an das zuständige Arbeitsgericht und stellt den formell ordnungsgemäßen Antrag, dass die Versetzung des Max rückgängig gemacht wird.

Ist der Antrag des Betriebsrates vor dem Arbeitsgericht begründet?

2.16.2 Lösung

Fraglich ist, ob der Antrag des Betriebsrates (B) auf Rückgängigmachung der Einstellung des Max (M) gegen die Lustig GmbH (L) begründet ist.

Dies wäre dann der Fall, wenn die Maßnahme der Zustimmung des Betriebsrates nach § 99 BetrVG bedurft hätte und diese nicht vorlag.

Dafür ist zunächst zu klären, ob der Anwendungsbereich der Norm eröffnet ist. Gemäß § 99 I S. 1 BetrVG ist die Zustimmung zu personellen Einzelmaßnahmen nur bei Unternehmen erforderlich, die mehr als 20 wahlberechtigte Arbeitnehmer im Unternehmen beschäftigen. Wahlberechtigt sind nach § 7 S. 1 BetrVG alle Arbeitnehmer, die das 18. Lebensjahr vollendet haben. Eine Unterscheidung nach Teil- und Vollzeitkräften findet nicht statt. Die L beschäftigt insgesamt 19 Vollzeit- und 17 Teilzeitkräfte, also in der Summe 36 wahlberechtigte Arbeitnehmer. § 99 BetrVG findet daher Anwendung.

Die Einstellung des M müsste zudem eine mitbestimmungspflichtige Maßnahme i. S. d. § 99 BetrVG darstellen. Danach sind sowohl die Einstellung als auch die Versetzung bereits im Wortlaut ausdrücklich genannt, sodass die Arbeitsaufnahme des M in jedem Fall eine zustimmungspflichtige personelle Einzelmaßnahme darstellt.

Zudem müsste die Maßnahme ohne die erforderliche Zustimmung des Betriebsrates durchgeführt worden sein. Vorliegend hat der Betriebsrat der Maßnahme frist- und formgerecht widersprochen, sodass es an der erforderlichen Zustimmung mangelt.

Folglich ist festzuhalten, dass der Antrag des B auf Rückgängigmachung der Einstellung des M vor dem Arbeitsgericht begründet ist.

▶ **Hinweise** Zu beachten ist in diesem Fall, dass die Begründetheit des Antrages des Betriebsrates nicht von einer Berechtigung zur Zustimmungsverweigerung gem. § 99 II BetrVG abhängt, da der Arbeitgeber nicht den Weg über § 100 BetrVG gegangen ist.

Entscheidend ist einzig, ob eine Zustimmung des Betriebsrates überhaupt erforderlich war. Hat der Bearbeiter dies erkannt, sollten sich keine weiteren Schwierigkeiten für die Lösung des Falles ergeben.

▶ **Wesentliche Paragrafen** §§ 99, 7 BetrVG

Individualarbeitsrecht 3

3.1 Fall 18: Weniger ist mehr

3.1.1 Fallfrage

Anja ist 35 Jahre alt und arbeitet bereits 15 Jahre in der Kanzlei Kalli Legal als Rechtsanwalts- und Notarfachangestellte. Sie ist zwar sehr fleißig und ehrgeizig, aber sie leidet sehr unter den langen Arbeitszeiten. Darüber hinaus hat sie ein zehnjähriges Kind, mit dem sie gerne mehr Zeit verbringen möchte.

Nach langen Überlegungen entschließt Anja sich, einen ordnungsgemäßen Antrag auf Teilzeit bei ihrem Arbeitgeber zu stellen.

In der Kanzlei sind 30 Arbeitnehmer beschäftigt. Davon sind zwölf Rechtsanwalts- und Notarfachangestellte, auf die sich die Arbeit in der Kanzlei in einem ausgeglichenen Verhältnis verteilt.

Wird der Antrag von Anja Erfolg haben?

3.1.2 Lösung

Anja (A) könnte einen Anspruch auf Verringerung der Arbeitszeit im Sinne des § 8 TzBfG gegenüber ihrem Arbeitgeber Kalli Legal (K) haben.

Dazu müsste zunächst der Anwendungsbereich des § 8 TzBfG eröffnet sein. Diese Norm hat einen sachlichen und einen persönlichen Anwendungsbereich.

In sachlicher Hinsicht ist der Anwendungsbereich nach § 8 Abs. 7 TzBfG eröffnet, wenn der Betrieb mehr als 15 Arbeitnehmer beschäftigt. In der Kanzlei sind 30 Arbeitnehmer beschäftigt, sodass diese Voraussetzung erfüllt ist.

In persönlicher Hinsicht ist der § 8 TzBfG anwendbar, wenn das Arbeitsverhältnis seit mindestens sechs Monaten besteht. A ist bereits 15 Jahre als Rechtsanwalts- und Notarfachangestellte bei K angestellt. Das Arbeitsverhältnis besteht folglich schon über die Wartezeit des § 8 Abs. 1 TzBfG hinaus. Die Norm findet daher auch in persönlicher Hinsicht Anwendung.

Nach den Angaben im Sachverhalt wurde der Antrag ordnungsgemäß gestellt, sodass nach § 8 II TzBfG die Verringerung, der Umfang und die Verteilung der Arbeitszeit spätestens drei Monate vor deren Beginn geltend gemacht wurden.

Dem Teilzeitersuchen der A dürften aber keine betrieblichen Gründe gemäß § 8 Abs. 4 TzBfG entgegenstehen. Ein betrieblicher Grund liegt danach insbesondere vor, wenn die Verringerung der Arbeitszeit die Organisation, den Arbeitsablauf oder die Sicherheit im Betrieb wesentlich beeinträchtigt oder unverhältnismäßige Kosten verursacht.

Der Arbeitgeber hat insoweit noch keine entgegenstehenden betrieblichen Gründe erwähnt. Aus den Angaben im Sachverhalt ergibt sich zudem, dass die Arbeit in der Kanzlei gleichmäßig verteilt ist und das Teilzeitersuchen der A hieran nichts Wesentliches ändern dürfte. Betriebliche Gründe sind daher vorliegend nicht ersichtlich.

Die Voraussetzungen des Teilzeitanspruches sind durch den Antrag der A somit erfüllt.

Der Antrag der A wird mithin Erfolg haben.

▶ **Hinweise** Die Prüfung des Teilzeitanspruches folgt dem Aufbau des § 8 TzBfG. Diese dürfte im vorliegenden Fall keine Probleme bereiten, sodass der Fall als sehr leicht einzustufen ist. Insbesondere wurden sämtliche Formfragen zum Antrag ausgeblendet.

▶ **Wesentliche Paragrafen** § 8 TzBfG

3.2 Fall 19: Einmal korrekt, für immer korrekt?

3.2.1 Fallfrage

Louisa ist Lehrerin. Schon sehr lange versucht sie, eine feste Anstellung zu finden. Derzeit arbeitet sie aufgrund eines befristeten Arbeitsvertrages an der Rabaukenschule als Vertretung für eine schwangere Lehrkraft. Davor wurde Louisa bereits 13-mal befristet bei demselben Arbeitgeber angestellt. Als Grund für die Befristungen wurde jeweils die Vertretung anderer an der Schule angestellter Lehrer angegeben. Diese Angaben waren auch korrekt, denn bei jeder Befristung ging auch tatsächlich ein anderer Mitarbeiter der Schule in Mutterschutz oder Elternzeit bzw. war länger erkrankt. Über einen Zeitraum von insgesamt 14 Jahren wurde Louisa somit 14-mal für jeweils ein Jahr an der Schule angestellt.

Innerhalb der 14 Jahre wurde mit Louisa stets ordnungsgemäß ein neuer schriftlicher, befristeter Arbeitsvertrag geschlossen. Als ihr aktuelles Vertragsverhältnis sich nunmehr dem Ende neigt, hat Louisa genug. Sie kann nicht verstehen, warum sie keine feste Anstellung bei der Rabaukenschule erhalten soll.

Sie erkundigt sich daher zum wiederholten Male über die mögliche unbefristete Verlängerung ihres Vertrages. Da mittlerweile jedoch gar kein Vertretungsbedarf mehr an der Schule bestehen würde, verweigert die Schule jede Folgeanstellung von Louisa.

Nun hat Louisa endgültig die Nase voll und sucht ihren Rechtsanwalt auf. Dieser berichtet ihr, dass zumindest die letzte der Befristungen unwirksam war. Deshalb sei zwischen ihr und der Schule ein unbefristetes Arbeitsverhältnis entstanden.

Hat der Rechtsanwalt Recht?

3.2.2 Lösung

Zwischen Louisa (L) und der Rabaukenschule (S) könnte ein unbefristetes Arbeitsverhältnis im Sinne des § 611 BGB entstanden sein.

Der Abschluss eines Arbeitsvertrages setzt das Vorliegen zweier aufeinander abgestimmter Willenserklärungen, Angebot und Annahme, voraus. Hier haben die Parteien sich zwar auf den Abschluss eines Arbeitsvertrages geeinigt. Dieser wurde jedoch ausdrücklich auf die Laufzeit eines Jahres begrenzt.

Fraglich ist aber, ob in dem arbeitgeberseitigen wiederkehrenden Anbieten der Vertragsverlängerung durch insgesamt 14 Verträge über 14 Jahre eine konkludente Willenserklärung gerichtet auf ein unbefristetes Arbeitsverhältnis liegen könnte. Dagegen spricht indes, dass S tatsächlich und innerlich niemals ein unbefristetes Arbeitsverhältnis mit der L eingehen wollte. Gerade deswegen wurde stets die Befristung angeboten.

Es liegt seitens der S somit im hier zu prüfenden letzten Vertragsangebot nur eine Willenserklärung bezüglich der Eingehung eines befristeten Arbeitsverhältnisses mit der L vor.

Die Befristung eines Arbeitsvertrages bedarf jedoch der Schriftform nach § 14 IV TzBfG und eines sachlichen Grundes nach § 14 Abs. 1 TzBfG.

Die Schriftform nach § 126 BGB wurde eingehalten.

Als Sachgrund kommt § 14 Abs. 1 Nr. 3 TzBfG in Betracht. Danach ist insbesondere dann ein sachlicher Grund gegeben, wenn der Arbeitnehmer zur Vertretung eines anderen Arbeitnehmers beschäftigt wird. Sinn und Zweck dieses Sachgrundes ist es, dass die gegenständliche Stelle an sich bereits besetzt ist und mit der Rückkehr des auf dieser Stelle eingesetzten Mitarbeiters alsbald zu rechnen ist. Nach den Angaben im Sachverhalt wurde L zur Vertretung einer schwangeren Kollegin angestellt, sodass der Sachgrund des § 14 I Nr. 3 TzBfG gegeben ist.

Fraglich ist jedoch, ob und ggf. wie die Tatsache der vorherigen 13 Befristungen bei der Beurteilung der Rechtmäßigkeit einzubeziehen ist. Insoweit gilt wie für jede vertragliche Vereinbarung der Maßstab des § 242 BGB, der beide Vertragspartner dazu verpflichtet, nach den Grundsätzen von Treu und Glauben mit Rücksicht auf die Verkehrssitte zu handeln.

Die hier gegenständliche Befristung könnte einen Verstoß gegen Treu und Glauben nach § 242 BGB darstellen. In diesem Fall wäre sie rechtsmissbräuchlich und folglich nichtig.

Eine solche Rechtsmissbräuchlichkeit läge vor, wenn die S nur einen Sachgrund vorschiebt, während tatsächlich ein dauerhafter Beschäftigungsbedarf besteht. Kriterien zur Bewertung eines dauerhaften Beschäftigungsbedarfes sind insbesondere die Dauer der gesamten Beschäftigung sowie die Anzahl der Befristungen. Diese sind in eine Gesamtwertung des Einzelfalles einzubeziehen.

Richtschnur für diese Bewertung ist die Rechtsprechung des Bundesarbeitsgerichts. Eine Gesamtbeschäftigungsdauer von über elf Jahren und die Anzahl von 13 Befristungen wurden von dem BAG bereits als wesentliches Indiz für einen Rechtsmissbrauch angesehen. Im vorliegenden Fall sind beide Einzelwerte jeweils für sich betrachtet bereits überschritten. Eine Rechtsmissbräuchlichkeit ist daher jedenfalls indiziert.

3.2 Fall 19: Einmal korrekt, für immer korrekt?

Auch eine Betrachtung des Einzelfalles kommt zu keinem anderen Ergebnis, denn die Vielzahl und Gesamtdauer der Befristungen an der S lässt darauf schließen, dass eine dauerhafte Einstellungslücke vorliegt.

Die Befristung ist daher rechtsmissbräuchlich. Die letztmalige Befristungsabrede zwischen S und L ist somit unwirksam. Gemäß § 16 TzBfG gilt der geschlossene Arbeitsvertrag daher als unbefristeter Arbeitsvertrag fort.

Zwischen L und S ist demnach ein unbefristetes Arbeitsverhältnis entstanden.

Der Rechtsanwalt hat Recht.

▸ **Hinweise** Die Lösung des Falles erfordert vom Bearbeiter, über die gesetzlichen Anforderungen des § 14 I TzBfG hinaus die Möglichkeit eines Rechtsmissbrauchs zu prüfen. Eine reine Anwendung des TzBfG reicht folglich für eine umfassende Lösung nicht aus. Der Bearbeiter muss daher zumindest ein Judiz dafür entwickelt haben, dass sog. Kettenbefristungen nicht dem Gesetzeszweck des TzBfG entsprechen können.

In der Herleitung der Lösung über die Generalklausel sind dann Argumentationslinien gefragt, die sich im besten Fall aus einer zumindest groben Kenntnis der Rechtsprechung herleiten.

▸ **Wesentliche Paragrafen** §§ 14, 16 TzBfG, §§ 126, 242 BGB

3.3 Fall 19: Feurige Ausbildung

3.3.1 Fallfrage

Der 19-jährige Horst ist auf der Suche nach einem Ausbildungsplatz. In der Zeitung sieht er ein Inserat der Feuerspei GmbH. Diese sucht junge, mutige Menschen, die Lust darauf haben, sich zu professionellen Feuerspeiern ausbilden zu lassen. Das Berufsbild besteht im Wesentlichen darin, auf Partys und sonstigen Events Showeinlagen durchzuführen. Die Arbeitszeiten sind deswegen sehr unregelmäßig und beinhalten insbesondere Abend- und Nachtzeiten. Die Feuerspei GmbH verfügt über das erforderliche Know-how und Equipment sowie gut ausgebildetes Lehrpersonal und insgesamt elf weitere Fachkräfte.

Horst ist begeistert von der in seinen Augen sehr abwechslungsreichen Tätigkeit, erkennt keine Risiken und will sich daher auf den Ausbildungsplatz bewerben.

Bestehen Bedenken gegen die Ausbildung?

3.3.2 Lösung

Fraglich ist, ob Horst (H) sich bei der Feuerspei GmbH (F) ausbilden lassen darf. Das wäre der Fall, wenn die F gemäß § 27 Abs. 1 Nr. 1 BBiG für die Berufsausbildung geeignet wäre und seitens des H keine gesetzlichen Beschränkungen hinsichtlich der Arbeitszeit bestehen würden.

Nach dem Jugendschutzgesetz könnten solche Bedenken bezüglich der Arbeitszeit und dem Umgang mit Gefahrenquellen (Feuer) bestehen, da insoweit Einschränkungen und Verbote für Auszubildende normiert sind. Nach § 1 JArbSchG greift das Gesetz aber nur für Auszubildende, die das 18. Lebensjahr noch nicht vollendet haben. Da H bereits 19 Jahre alt ist, findet das Gesetz mithin keine Anwendung.

Die Art des Betriebes muss jedoch gewährleisten, dass Auszubildende die Fähigkeiten, die sie aufgrund der einschlägigen Ausbildungsverordnung erlernen müssen, in dem Betrieb vermittelt bekommen.

Die F möchte Feuerspeier ausbilden. Es ist davon auszugehen, dass die Fähigkeiten dieses Berufes sich auf das Speien von Feuer beziehen, ohne sich dabei körperlichen Gefahren auszusetzen. Für dieses Ausbildungsziel müsste die F die Eignung haben, die entsprechenden Fähigkeiten zu vermitteln.

Dazu müssten die nötigen Arbeitsgeräte im Betrieb der F vorhanden sein. Laut Sachverhalt verfügt die F über dieses Equipment. Die F ist somit der Einrichtung nach im Sinne des § 27 Abs. 1 Nr. 1 BBiG zur Berufsausbildung geeignet.

Des Weiteren müsste auch § 27 Abs. 1 Nr. 2 BBiG erfüllt sein. Danach muss die Zahl der Auszubildenden in einem angemessenen Verhältnis zu der Zahl der Fachkräfte stehen.

Die F möchte zwei Auszubildende einstellen und hat dafür Lehrpersonal und elf Fachkräfte zur Verfügung. Somit würden rein rechnerisch gleich mehrere Ausbilder auf jeden Auszubildenden fallen. Darin liegt ein angemessenes Verhältnis. Somit ist auch die Voraussetzung des § 27 Abs. 1 Nr. 2 BBiG erfüllt.

Folglich bestehen keine Bedenken gegen die Ausbildung. H kann sich bei der F ausbilden lassen.

▸ **Hinweise** Aufgrund des Alters des H ist das JArbSchG nicht einschlägig, sodass diese Schutzvorschriften hinsichtlich der Arbeitszeiten und auch des Umgangs mit Feuer und Gefahrenquellen für ihn nicht mehr in Betracht gezogen werden müssen.
   Sollten Sie in einem ähnlichen Fall mit einem Minderjährigen konfrontiert werden, müssen Sie diese Schutzvorschriften bedenken.
   Die Prüfung des § 27 BBiG weist vorliegend keine Schwierigkeiten auf.

▸ **Wesentliche Paragrafen** § 1 JArbSchG, § 27 BBiG

3.4 Fall 20: Gut gedroht ist schlecht vereinbart

3.4.1 Fallfrage

Julian ist bei der Motor AG als Mechaniker angestellt. Im Job läuft es aus seiner Sicht nicht so gut. Viel schlimmer sieht es aber im Privaten aus: Gegen Julian werden seitens der Polizei Ermittlungen wegen verschiedener Wohnungseinbrüche geführt. Julian gilt sogar als Hauptverdächtiger.

Schon seit geraumer Zeit sucht die Motor AG nach einem Grund, um Julian „loszuwerden", da sie mit seiner Arbeitsleistung nicht mehr zufrieden sind. Die Motor AG erfährt sodann durch einen Zufall von den Ermittlungen der Polizei gegen Julian.

Diese nimmt die Motor AG daher als Anlass, dem Julian eine Beendigung des Arbeitsverhältnisses nahezulegen. Wer privat stehlen würde, sei schließlich auch für den Betrieb untragbar.

Dem Julian wird ein entsprechender Aufhebungsvertrag vorgelegt. Der Vorstand der Motor AG fordert Julian zur Unterschrift neben der bereits geleisteten Unterschrift des Vorstandes auf. Sollte er dies nicht tun, so würde die Motor AG ihm sofort fristlos kündigen. Eine Stellungnahme von Julian will der Vorstand gar nicht erst hören, weil Julian ohnehin unglaubwürdig sei.

Julian ist zwar tatsächlich unschuldig, fühlt sich aber völlig überfordert in einer Zwangslage. Er unterschreibt daher den Aufhebungsvertrag.

Als er am Abend zur Ruhe kommt, sucht er jedoch einen Anwalt auf, weil er sich sehr ungerecht behandelt fühlt. Der Rechtsanwalt rät ihm, den Aufhebungsvertrag anzufechten, was Julian sodann auch unverzüglich tut.

Ist der Aufhebungsvertrag wirksam?

3.4.2 Lösung

Fraglich ist, ob der Aufhebungsvertrag zwischen der Motor AG (M) und Julian (J) wirksam ist.

Der Aufhebungsvertrag ist gesetzlich nicht gesondert geregelt, sondern findet in § 623 BGB nur insoweit Erwähnung, als er der Schriftform nach § 126 BGB bedarf.

Ein Aufhebungsvertrag setzt daher nach den allgemeinen Regeln zum Abschluss eines Vertrages zwei inhaltlich aufeinander abgestimmte Willenserklärungen voraus, die auf die Aufhebung eines bestehenden Arbeitsverhältnisses gerichtet sind (Angebot und Annahme).

Die M legte dem J einen Aufhebungsvertrag als Angebot zur Unterschrift vor und bekundete somit ausdrücklich ihr Interesse an der Aufhebung des bestehenden Arbeitsverhältnisses. Dieses unterschrieb J auch, sodass die entsprechende Annahme erfolgt ist.

Da beide Parteien handschriftlich auf demselben Dokument unterschrieben haben, ist auch die Schriftform nach den §§ 623, 126 BGB gewahrt worden.

Folglich liegt ein wirksamer Aufhebungsvertrag vor.

J könnte den Aufhebungsvertrag jedoch wirksam angefochten haben, sodass dieser nach § 142 BGB von Anfang an nichtig wäre. Eine wirksame Anfechtung durch J wäre gegeben, wenn dieser eine Anfechtungserklärung innerhalb der gesetzlichen Anfechtungsfrist abgegeben und zudem ein Anfechtungsgrund bestanden hat.

Der J hat nach § 143 BGB eine Anfechtungserklärung abgegeben. Fraglich ist aber, ob auch ein Anfechtungsgrund bestand.

Als Anfechtungsgrund kommt § 123 Abs. 1 2. Alt. BGB in Betracht. Danach besteht ein Anfechtungsgrund, wenn die Abgabe einer Willenserklärung durch Drohung herbeigeführt wurde. Eine Drohung ist das widerrechtliche Inaussichtstellen eines empfindlichen Übels, auf das der Drohende Einfluss zu haben vorgibt. Vorliegend hat der Vorstand dem J gesagt, dass er ihm fristlos kündigen werde, falls J nicht den Aufhebungsvertrag schließe.

Das Inaussichtstellen einer fristlosen Kündigung durch die M ist mit dem Übel der Arbeitslosigkeit verbunden. Fraglich ist jedoch, ob die Inaussichtstellung der fristlosen Kündigung auch widerrechtlich war. Widerrechtlichkeit ist gegeben, wenn das angedrohte Übel seinerseits rechtswidrig wäre.

Zu fragen ist folglich, ob die M zum Ausspruch einer fristlosen Kündigung nach § 626 Abs. 1 BGB berechtigt gewesen wäre. Dazu wäre zunächst ein wichtiger Grund erforderlich.

Die M führt an, dass sie den J aufgrund der polizeilichen Ermittlungen kündigen will. In Betracht käme demzufolge eine Verdachtskündigung. Dies erfordert wiederum, dass die Vertrauensgrundlage des Arbeitsverhältnisses durch die Verdachtsmomente derart erschüttert ist, dass eine weitere Zusammenarbeit nicht mehr möglich ist.

Vorliegend wird J verdächtigt, in seiner Freizeit in Wohnungen eingebrochen zu sein. Dies ist zwar für sich betrachtet ein schwerwiegender Vorwurf, steht jedoch in keinem Zusammenhang mit seiner Arbeitstätigkeit. Zudem wird bisher nur polizeilich ermittelt, so dass noch nicht einmal ein hinreichender Tatverdacht besteht. Es spricht daher einiges dafür, dass es bereits an einem wichtigen Grund für die Kündigung mangelt.

Dies kann indes ausnahmsweise dahinstehen, da die M in jedem Fall ihre Pflicht zur Anhörung des J zur Aufklärung des Sachverhalts verletzt hat. Aus diesem Umstand folgt bereits für sich betrachtet, dass eine fristlose Kündigung gegen § 626 BGB verstoßen würde.

Somit ist die Androhung der fristlosen Kündigung widerrechtlich gewesen. Ein Anfechtungsgrund im Sinne des § 123 Abs. 1 2. Alt. BGB liegt demnach vor.

Zumal J unverzüglich nach Kenntniserlangung von seinem Anfechtungsgrund den Aufhebungsvertrag angefochten hat, hat er auch die Anfechtungsfrist nach § 124 Abs. 1 BGB gewahrt.

J hat den Aufhebungsvertrag somit wirksam angefochten.

Der Aufhebungsvertrag zwischen J und der M ist folglich nach § 142 BGB als von Anfang an nichtig anzusehen.

▶ **Hinweise** Der Abschluss eines Vertrages folgt grundsätzlich den Regelungen zu Willenserklärungen, die dem Bearbeiter genauso wenig Schwierigkeiten bereiten dürften wie die Prüfung der Schriftform.

Hinsichtlich der Prüfung einer wirksamen Anfechtung ist besonders auf einen ordnungsgemäßen Aufbau zu achten. Der Anfechtungsgrund der Drohung bedarf sodann der näheren Darlegung.

▶ **Wesentliche Paragrafen** §§ 123, 124, 126, 142, 143, 623, 626 BGB

3.5 Fall 21: Die Zeichen der Zeit

3.5.1 Fallfrage

Johannes ist seit fünf Jahren bei der Röhr AG beschäftigt. Die Röhr AG ist auf das Herstellen von Zubehör für Fernseher spezialisiert. Der Markt für diese Geräte wächst seit Jahren. Die Röhr AG kann davon aber nicht profitieren, da die fernöstlichen Konkurrenzprodukte deutlich günstiger und innovativer sind.

Das Unternehmen hat daher bereits drei Jahre lang keinen Gewinn mehr erzielt. Von einer baldigen Besserung ist nicht mehr auszugehen, da die Röhr AG der Konkurrenz nur noch hinterherhinkt.

Die Röhr AG beschließt daher, die Kostenstruktur an das verringerte Arbeitsaufkommen anzupassen. Insbesondere soll einer der 20 Mitarbeiter das Unternehmen verlassen. So wurde Johannes von der Röhr AG zur Kündigung ausgewählt. Ihm wird zum 10. Oktober des Jahres eine vom Vorstand persönlich unterschriebene, ordentliche Kündigung mit Wirkung zum Jahresende überreicht.

Johannes möchte sich gegen die Kündigung zur Wehr setzen. Er ist der älteste Mitarbeiter der Firma (61) und hat eine Ehefrau und drei Kinder zu versorgen, die sich noch in der Ausbildung befinden.

Johannes ist insbesondere der Meinung, dass der nicht entlassene Björn (45, ohne Unterhaltsverpflichtungen) zuerst hätte entlassen werden müssen, obwohl dieser bereits seit sechs Jahren bei der Röhr AG arbeitet. Björn ist ein direkter Kollege von Johannes, beide üben ähnliche Tätigkeiten aus.

Wie wird das Arbeitsgericht über die zwei Wochen nach Erhalt der Kündigung erhobene Kündigungsschutzklage des Johannes entscheiden?

3.5.2 Lösung

Das Gericht würde der Kündigungsschutzklage des Johannes (J) entsprechen, wenn sie zulässig und begründet wäre.

Laut Sachverhalt wurde die Klage ordnungsgemäß erhoben. Insbesondere wurde die Klagefrist nach § 4 KSchG von drei Wochen ab Erhalt der schriftlichen Kündigung eingehalten. Die Klage ist folglich zulässig.

Fraglich ist, ob sie auch begründet ist. Das wäre der Fall, wenn die Kündigung unwirksam ist.

Zunächst müsste die Kündigung unter Einhaltung der Form- und Fristerfordernisse nach den §§ 622, 623 BGB ausgesprochen worden sein.

Nach den §§ 623, 126 BGB ist eine Kündigung schriftlich, also mit eigenhändiger Unterschrift, auszusprechen. Vorliegend hat der Vorstand persönlich unterschrieben, sodass die Schriftform eingehalten wurde.

Die Kündigungsfrist beträgt nach § 622 Abs. 2 Nr. 3 BGB bei dem Bestehen des Arbeitsverhältnisses seit fünf Jahren zwei Monate zum Ende des Kalendermonats. Die Kündigung des J wurde zum 31.12. des Jahres ausgefertigt, sodass auch die Kündigungsfrist gewahrt wurde.

Fraglich ist jedoch, ob die Kündigung nach § 1 I KSchG einer sozialen Rechtfertigung bedarf. Dies wäre der Fall, wenn das KSchG vorliegend Anwendung finden würde.

Nach den §§ 1 Abs. 1, 23 KSchG ist das KSchG anwendbar, wenn das Arbeitsverhältnis mindestens sechs Monate bestanden hat und der Arbeitgeber regelmäßig mehr als zehn Arbeitnehmer beschäftigt. J ist bereits fünf Jahre lang für die Röhr AG (R) tätig. Zudem sind in der R 20 Mitarbeiter beschäftigt. Somit ist das KSchG für die zu prüfende Kündigung anwendbar.

Die Kündigung des J bedurfte somit einer sozialen Rechtfertigung nach § 1 Abs. 1 KSchG. In Betracht kommen vorliegend betriebliche Gründe.

Die Wirksamkeit einer betriebsbedingten Kündigung hängt davon ab, ob ein betriebliches Erfordernis gegeben ist, keine anderweitige Beschäftigungsmöglichkeit besteht und eine korrekte Sozialauswahl getroffen wurde.

Ein betriebliches Erfordernis besteht, wenn eine unternehmerische Entscheidung dazu führt, dass der Arbeitsplatz des Klägers oder ein vergleichbarer Arbeitsplatz dauerhaft wegfällt.

Zunächst müsste somit eine unternehmerische Entscheidung vorliegen. Das Arbeitsgericht ist bei der Überprüfung insoweit nur dazu berechtigt zu hinterfragen, ob eine unternehmerische Entscheidung vorliegt. Eine Kontrolle der wirtschaftlichen Notwendigkeit ist nicht vorgesehen, da dies einen unzulässigen Eingriff in die unternehmerische Freiheit beinhalten würde. Nur bei einer offensichtlichen Willkürlichkeit darf das Gericht die unternehmerische Entscheidung verwerfen.

Eine unternehmerische Entscheidung ist gegeben, wenn der Arbeitgeber eine Maßnahme geplant und deren Durchführung bereits begonnen hat. Die R hat vorliegend geplant, einen Mitarbeiter zur Kostenreduzierung zu entlassen und dies auch bereits umgesetzt. Folglich

3.5 Fall 21: Die Zeichen der Zeit

liegt eine unternehmerische Entscheidung vor. Offensichtlich unvernünftig oder willkürlich erscheint diese Entscheidung aufgrund der betriebswirtschaftlichen Entwicklung ebenfalls nicht.

Als weitere Voraussetzung müsste die Beschäftigungsmöglichkeit des J dauerhaft und kausal aufgrund der unternehmerischen Entscheidung entfallen sein. Durch die unternehmerische Entscheidung soll der Arbeitsplatz dauerhaft wegfallen, da auch das entsprechende Arbeitsaufkommen nicht mehr vorhanden ist.

Fraglich ist aber, ob die Sozialauswahl nach § 1 III KSchG korrekt durchgeführt wurde.

Hierfür sind alle vergleichbaren Mitarbeiter zu ermitteln, die nach den Kriterien Betriebszugehörigkeit, Lebensalter, Unterhaltsverpflichtungen und Schwerbehinderung zu gewichten sind.

Vorliegend ist J der älteste Mitarbeiter des Unternehmens und steht kurz vor der Altersrente. Darüber hinaus hat er eine Ehefrau und drei Kinder, denen er unterhaltsverpflichtet ist. Dagegen ist Björn (B) erst 40 Jahre alt und hat keinerlei Unterhaltsverpflichtungen. Die Tatsache, dass der B ein Jahr länger für die R tätig ist, fällt dazu kaum ins Gewicht. In einer Gesamtbetrachtung ist J als schutzwürdiger einzustufen als B.

Im Rahmen einer ordnungsgemäß durchgeführten Sozialauswahl hätte die R deshalb zuerst den B entlassen müssen.

Die Kündigung des J ist folglich sozial ungerechtfertigt. Die Kündigungsschutzklage des J ist somit begründet.

Das Arbeitsverhältnis zwischen J und der R ist mithin nicht beendet und besteht weiterhin fort. Das Arbeitsgericht wird der Kündigungsschutzklage des J stattgeben.

▸ **Hinweise** Die betriebsbedingte Kündigung ist die in der Praxis häufigste Form der Kündigung. Der gesetzliche Prüfungsmaßstab ergibt sich hierfür aus § 1 KSchG.

Bei dessen Anwendung ist die unternehmerische Entscheidung zurückhaltend zu prüfen. Hinsichtlich des Vorliegens einer anderweitigen Einsatzmöglichkeit und der Sozialauswahl ist dagegen jeweils ein strenger Maßstab anzulegen.

▸ **Wesentliche Paragrafen** §§ 622, 623, 126 BGB, §§ 1, 4, 23 KSchG

3.6 Fall 22: Einkauf ist Verkauf

3.6.1 Fallfrage

Peter ist bei der Allerhand GmbH in der Vertriebsabteilung beschäftigt. Die Auftragslage der Allerhand GmbH hat sich in den letzten Jahren erheblich verschlechtert, sodass das Unternehmen schon seit mehreren Jahren rückläufige Umsätze und Gewinne ausweist.

Obwohl sie stets darum bemüht ist, die Arbeitsplätze zu erhalten, entschließt sich die Geschäftsführung daher notgedrungen, fünf ihrer 200 Arbeitnehmer aus der Vertriebsabteilung zu entlassen, da im Unternehmen nirgends mehr freie Arbeitsplätze vorhanden sind. Diese sind genau wie zahlreiche andere Kollegen in den verschiedenen Abteilungen des Betriebes allesamt ausgebildete Kaufleute.

Den fünf ausgewählten Vertrieblern wird schriftlich und fristgerecht die Kündigung aus betriebsbedingten Gründen ausgesprochen.

Unter den ausgewählten Arbeitnehmern befinden sich vier junge, erst vor kurzem angestellte Kollegen. Darunter ist aber auch Peter, 57 Jahre alt, drei Kinder, verheiratet und seit 20 Jahren bei der Allerhand GmbH angestellt.

Der unausgesprochene Grund für diese Tatsache ist, dass die Allerhand GmbH mit den anderen Mitarbeitern im Betrieb sehr zufrieden ist und eine Kündigung eines anderen Mitarbeiters unternehmerisch weitaus schwerer ins Gewicht fallen würde als bei Peter.

Peter fühlt sich ungerecht behandelt. Insbesondere Markus, der erst seit zwei Jahren im Einkauf arbeitet, 37 Jahre alt und Single ist, müsste seiner Meinung nach vor ihm entlassen werden. Der Arbeitgeber wendet ein, dass nur die Mitarbeiter im Verkauf überhaupt in eine Vergleichsbetrachtung einzubeziehen wären.

Ist die Kündigung des Peter wirksam?

3.6.2 Lösung

Fraglich ist, ob die Kündigung des Peter (P) durch die Allerhand GmbH (A) wirksam ist.

Die Kündigung des P erfolgte nach den ausdrücklichen Angaben im Sachverhalt nach den §§ 622, 623, 126 BGB schriftlich und fristgerecht.

Allerdings könnte die Kündigung sozial ungerechtfertigt sein im Sinne des § 1 KSchG. Dazu müsste das KSchG auf die vorliegende Kündigung anwendbar sein. Im Betrieb der A waren 200 Mitarbeiter beschäftigt, sodass das KSchG in sachlicher Hinsicht wegen Überschreitens der Schwelle von zehn Arbeitnehmern gemäß § 23 Abs. 1 KSchG anwendbar ist.

In persönlicher Hinsicht findet gemäß § 1 Abs. 1 KSchG das KSchG Anwendung, sofern das Arbeitsverhältnis bereits länger als sechs Monate besteht. Vorliegend ist der P bereits seit über 20 Jahren bei der A beschäftigt, sodass sich auch der persönliche Anwendungsbereich eröffnet.

Für die Kündigung des P ist daher eine soziale Rechtfertigung nach § 1 I KSchG erforderlich. In Betracht kommen hier betriebsbedingte Gründe gemäß § 1 Abs. 2 KSchG.

Dazu müsste zunächst eine unternehmerische Entscheidung der A erfolgt sein, die nicht auf Willkür beruht. Aufgrund des Auftragsrückgangs und der damit verbundenen Umsatz- und Gewinneinbrüche sah sich die A dazu gezwungen, Mitarbeiter zu entlassen, um den Betrieb weiter fortführen zu können. Folglich handelt es sich um eine nachvollziehbare unternehmerische Entscheidung, die keinen Ansatz von Willkür erkennen lässt.

Problematisch erscheint indes, ob auch der Arbeitsplatz des P oder jedenfalls ein vergleichbarer Arbeitsplatz aufgrund dieser Entscheidung weggefallen ist. In Peters Abteilung wurden insgesamt fünf Mitarbeiter entlassen, da insoweit weder in der Vertriebsabteilung noch an anderer Stelle ein weiterer Arbeitskraftbedarf besteht. Mithin bestehen keine Weiterbeschäftigungsmöglichkeiten für den P auf seinem bisherigen oder einem anderen Arbeitsplatz im Unternehmen.

Fraglich ist jedoch, ob die A eine ordnungsgemäße Sozialauswahl nach § 1 III KSchG durchgeführt hat.

Sollte danach ein vergleichbarer Mitarbeiter nach den Kriterien Alter, Betriebszugehörigkeit, Unterhaltsverpflichtung und Schwerbehinderung weniger schutzbedürftig sein als P, hätte vorrangig diesem gekündigt werden müssen. In Betracht kommt als ein solcher vergleichbarer Arbeitnehmer insbesondere Markus (M). M ist erst zwei Jahre bei A angestellt, während P bereits 20 Jahre bei der A arbeitet. P ist 57 Jahre alt, während M nur 37 Jahre alt ist. Ferner ist P verheiratet und hat drei Kinder, während M Single ist. All diese Gründe sprechen dafür, dass P wesentlich schutzbedürftiger als M ist.

Es stellt sich daher die Frage, ob der M in die Sozialauswahl einzubeziehen gewesen war. Dagegen spricht, dass er in der Einkaufsabteilung tätig ist, die A jedoch ausdrücklich nur Mitarbeiter im Vertrieb kündigen wollte. Dafür spricht aber, dass in beiden Abteilungen Mitarbeiter mit einer ähnlichen Ausbildung (Kaufleute) tätig sind. Dazu kommt, dass Einkaufen und Verkaufen strukturell verwandte Arbeiten sind, die ein Kaufmann nach kurzer Einarbeitung jeweils eigenständig durchführen kann. Auch ist nicht ersichtlich, dass es hierarchische

Unterschiede oder sonstige Abgrenzungsmerkmale gibt. Folglich sind die Mitarbeiter im Einkauf und Verkauf vergleichbar, sodass der M in die Sozialauswahl hätte einbezogen werden müssen.

Somit ist die Sozialauswahl seitens der A fehlerhaft durchgeführt worden. Bevor P aus betriebsbedingten Gründen hätte gekündigt werden können, hätte die A den M entlassen müssen.

Die Kündigung des P durch die A ist somit sozial ungerechtfertigt gemäß § 1 KSchG. Sie ist daher nicht wirksam. Das Arbeitsverhältnis zwischen P und der A besteht mithin fort.

▸ **Hinweise** Die Prüfung der betriebsbedingten Kündigung dürfte keine größeren Schwierigkeiten bereiten. Der Bearbeiter muss erkennen, dass die Vergleichbarkeit der Arbeitnehmer zu thematisieren ist. Alle weiteren Prüfungsschritte und insbesondere die fehlerhafte Sozialauswahl drängen sich aus dem Sachverhalt geradezu auf.

▸ **Wesentliche Paragrafen** §§ 1, 23 KSchG, §§ 622, 623, 126 BGB

3.7 Fall 23: Wer klaut, der fliegt?

3.7.1 Fallfrage

Uwe ist 54 Jahre alt, verheiratet und hat drei Kinder. Er führt ein in jeder Hinsicht verantwortungsbewusstes Leben und arbeitet als Kassierer bei der Supermarkt GmbH. In diesem Unternehmen ist Uwe bereits seit 24 Jahren beschäftigt.

Wie es seiner Natur entspricht, war er stets ein vorbildlicher Mitarbeiter und wurde von sämtlichen Kollegen und den Kunden geschätzt.

Doch eines Tages hat er ganz gedankenlos eine Dummheit begangen. Ein Kunde hatte seinen Pfandschein in dem Leergutautomaten des Supermarktes vergessen. Der Wert dieses Pfandscheins betrug 0,50 Euro. Uwe fand diesen Pfandschein und löste ihn ein. Die 50 Cent behielt er für sich.

Der Geschäftsführer der Supermarkt GmbH beobachtete diesen Vorfall und sprach Uwe nach dessen erfolgter Anhörung und innerhalb einer Woche ab Beobachtung der Tat schriftlich die außerordentliche Kündigung aus.

Uwe ist der Ansicht, dass die Reaktion seines Chefs völlig unverhältnismäßig ist. Der Geschäftsführer dagegen fühlt sich derart in seinem Vertrauen missbraucht, dass er jede weitere Arbeit mit Uwe strikt ablehnt.

Uwe weiß nicht weiter und bittet seinen Rechtsanwalt um die Prüfung der Erfolgsaussichten einer Kündigungsschutzklage und ggf. deren Einlegung bei Gericht.

Wie wird der Rechtsanwalt handeln?

3.7.2 Lösung

Der Rechtsanwalt wird die Kündigungsschutzklage innerhalb der Frist von drei Wochen ab Zugang der schriftlichen Kündigung nach § 4 KSchG einlegen, wenn sie Aussicht auf Erfolg haben sollte.

Dies wäre der Fall, wenn die Kündigung unwirksam wäre.

Fraglich ist folglich, ob die firstlose Kündigung des Uwe (U) rechtswirksam ausgesprochen wurde. Die Schriftform der §§ 623, 126 BGB wurde nach den Angaben des Sachverhalts genauso eingehalten wie die zweiwöchige Frist des § 626 II BGB.

Eine außerordentliche Kündigung ist jedoch nur wirksam, wenn die Voraussetzungen des § 626 Abs. 1 BGB erfüllt sind.

Zunächst bedarf es eines wichtigen Grundes für die fristlose Kündigung. Ein wichtiger Grund ist ein an sich geeigneter Grund für eine sofortige Beendigung des Arbeitsverhältnisses, also ein sehr schwerwiegender Verstoß gegen die arbeitsvertraglichen Pflichten.

Der U hat vorliegend vorsätzlich einen Pfandbon über 50 Cent zu seinen Gunsten eingelöst, der entweder einem Kunden oder dem Arbeitgeber gehört hat. Folglich hat der U eine Vermögensstraftat im Rahmen der Erbringung seiner Arbeitsleistung begangen. Als Kassierer obliegt dem U die zentrale Aufgabe, gerade im Umgang mit dem Geld des Arbeitgebers und der Kunden umzugehen.

Durch die Unterschlagung der 50 Cent hat U folglich ganz schwerwiegend seine arbeitsvertraglichen Pflichten verletzt, sodass ein an sich geeigneter Grund für eine außerordentliche Kündigung vorliegt.

Dieser müsste sich jedoch auch unter Berücksichtigung der Umstände des Einzelfalls und einer sich anschließenden Abwägung der wechselseitigen Interessen als irreparabler Vertrauensbruch erweisen, der die Fortsetzung des Arbeitsverhältnisses für die Supermarkt GmbH (S) unzumutbar macht.

Nach den Umständen des Einzelfalls ist nicht ersichtlich, dass für den U besondere Entlastungsmomente vorliegen. Andererseits stellt sich der Eingriff in die fremde Vermögenssphäre auch nicht als besonders verwerflich oder von einer gesteigerten kriminellen Energie getragen dar. Die Umstände des Einzelfalls führen also dazu, dass der an sich geeignete Grund für die außerordentliche Kündigung auch vorliegend geeignet ist.

Fraglich ist jedoch, ob eine Interessenabwägung für den konkreten Einzelfall zwischen U und der S zur Unzumutbarkeit der Fortsetzung des Arbeitsverhältnisses führt.

Dies wäre der Fall, wenn der Verstoß gegen die arbeitsvertraglichen Pflichten des U zu einem irreparablen Vertrauensverlust bei der S führen würde. Dass durch den Eingriff in das fremde Vermögen ein Vertrauensverlust vorliegt, folgt direkt aus der Tathandlung. Fraglich ist aber, ob dieser irreparabel ist.

Dafür dürfte keine Möglichkeit gegeben sein, dass Vertrauen durch eine andere Maßnahme wieder herzustellen. Die außerordentliche Kündigung kommt folglich nur als letztes Mittel (ultima ratio) in Betracht. Im vorliegenden Fall könnte eine Abmahnung als milderes Mittel zur Verfügung stehen.

3.7 Fall 23: Wer klaut, der fliegt?

Um zu beurteilen, ob eine Abmahnung als milderes Mittel ausreichen würde, ist das Fortsetzungsinteresse des Arbeitnehmers mit dem Beendigungsinteresse des Arbeitgebers abzuwägen. Vorliegend spricht für das Beendigungsinteresse der Eingriff des Arbeitnehmers in die Vermögenssphäre als solcher. Indes ist zu berücksichtigen, dass der eingetretene Schaden im untersten finanziellen Bereich liegt. Für das Fortsetzungsinteresse des Arbeitnehmers spricht dessen langjährige beanstandungsfreie Betriebszugehörigkeit, durch welche folglich bereits ein sehr hohes Maß an Vertrauen aufgebaut werden konnte. Auch ist der U durch sein Lebensalter und seine Unterhaltspflichten sozial schutzwürdig. Eine Abwägung des eher überdurchschnittlich ausgeprägten Fortsetzungsinteresses mit dem eher unterdurchschnittlich vorliegenden Beendigungsinteresse führt daher dazu, dass eine Abmahnung ausreicht, um das verlorene Vertrauen wiederherstellen zu können.

Mithin ist die außerordentliche Kündigung des U nach § 626 Abs. 1 BGB unwirksam. Das Arbeitsverhältnis zwischen U und der S besteht unverändert fort.

Der Rechtsanwalt wird daher dem U berichten, dass eine Kündigungsschutzklage Aussicht auf Erfolg hat, und diese beim zuständigen Arbeitsgericht einlegen.

▶ **Hinweise** Die materielle Prüfung einer außerordentlichen Kündigung erfordert eine umfassende Abwägung der wechselseitigen Interessen. Der Bearbeiter hat dabei dem Aufbau des § 626 BGB zu folgen. Mit einer guten Argumentation sind regelmäßig genau wie in dem vorliegenden Fall auch andere Ergebnisse vertretbar.

▶ **Wesentliche Paragrafen** §§ 126, 623, 626 BGB

3.8 Fall 24: Gekündigt wegen Krankheit

3.8.1 Fallfrage

Anita ist bei der Baumann AG seit zwei Jahren beschäftigt. Die Arbeit macht ihr großen Spaß, auch zu vielen der knapp 300 Kollegen pflegt sie ein gutes Verhältnis. Die Baumann AG ist mit Anitas Arbeitsleistung grundsätzlich auch zufrieden. Sie stört sich jedoch an Anitas hohen Krankheitszeiten.

Innerhalb der zwei Jahre Beschäftigungszeit ist sie bereits 28 Mal jeweils fünf Tage krankgeschrieben worden, die sich gleichmäßig auf den Gesamtzeitraum verteilen. Grund für die Ausfallzeiten sind schwerwiegende Depressionen, die Anita bereits ein Aufstehen aus dem Bett unmöglich machen. Trotz entsprechender medikamentöser Behandlung ist keine Besserung in Sicht. Der Vorstand der Baumann AG beschließt daher, Anita fristgemäß aus dem Arbeitsverhältnis zu entlassen, und fertigt ihr sodann form- und fristgerecht die Kündigung aus.

Anita ist der Auffassung, dass sie für ihre Krankheit nichts kann. Sie möchte auch weiterhin bei der Baumann AG arbeiten. Sie ist weiter der Meinung, dass die Baumann AG durch ihre häufigen Krankheiten keinen Schaden erleiden würde und außerdem ein grundsätzliches Verbot bestünde, wegen Krankheit gekündigt zu werden.

Die Baumann AG betont, dass sie Mitarbeiter bräuchten, die verlässlich ihre Arbeitsleistung erbringen, damit nicht ständig Vertretungssituationen entstehen, die zu einer erheblichen organisatorischen Belastung des Unternehmens, aber auch der Kollegen führen würden.

Ist die Kündigung wirksam?

3.8.2 Lösung

Fraglich ist, ob die Kündigung der Anita (A) wirksam ausgesprochen wurde. Form und Frist wurden eingehalten, sodass nur zu fragen ist, ob die Baumann AG (B) auch berechtigt war, die A zu kündigen.

Falls das KSchG vorliegend Anwendung finden würde, bedürfte die Kündigung nach § 1 I KSchG einer sozialen Rechtfertigung. Nach den §§ 1, 23 KSchG wäre das KSchG anwendbar, wenn die A bereits länger als sechs Monate im Unternehmen beschäftigt war und die Arbeitnehmeranzahl zehn übersteigt. Beides ist hier der Fall, sodass eine soziale Rechtfertigung erforderlich ist.

In Betracht kommt vorliegend eine personenbedingte Kündigung im Sinne des § 1 Abs. 2 KSchG. Ein Grund in der Person des Arbeitnehmers wäre gegeben, wenn dieser aufgrund einer individuellen Eigenschaft und Fähigkeit seine Arbeitsleistung nicht mehr erbringen kann. Die krankheitsbedingte Kündigung ist daher generell als personenbedingter Kündigungsgrund möglich, da eine Krankheit eine solche individuelle Eigenschaft sein kann.

Eine krankheitsbedingte Kündigung müsste aber sozial gerechtfertigt sein, was in drei Stufen zu prüfen ist.

1. Zunächst müsste eine Negativprognose ergeben, dass eine Verbesserung nicht in Aussicht steht,
2. sodann müssten die betrieblichen Interessen durch die Krankheit beeinträchtigt werden und
3. schließlich dürfte eine Weiterbeschäftigung dem Arbeitgeber nicht zuzumuten sein.

Eine Negativprognose ist durch Betrachtung der Krankheitszeiten der Vergangenheit zu erstellen. Dafür müsste in den vergangenen zwei bis drei Jahren entweder eine langandauernde Erkrankung oder eine Vielzahl von Kurzerkrankungen vorliegen, die jedenfalls den gesetzlichen Entgeltfortzahlungszeitraum von sechs Wochen jährlich überschreiten. Die A hat innerhalb der letzten beiden Jahre gleichmäßig verteilt bereits 28 Mal jeweils fünf Tage gefehlt, sodass pro Kalenderjahr eine Fehlzeit von 70 Tagen vorliegt. Hierbei handelt es sich um eine enorme Häufung von Kurzerkrankungen, die deutlich über die 42 Tage Entgeltfortzahlung hinausgeht. Da zudem der behandelnde Arzt keine Besserung in Aussicht stellt, ist eine negative Gesundheitsprognose zu bejahen.

Ferner müssten die betrieblichen Interessen durch die vorhandenen und die prognostizierten Fehlzeiten erheblich beeinträchtigt sein. Sofern die A nicht ihrer Arbeit nachkommen kann, muss die anfallende Arbeit auf die anderen Kollegen der B verteilt werden. Dies erfordert sowohl eine regelmäßige organisatorische Leistung der B als auch erheblichen Mehrleistungsaufwand der Kollegen. Die Kollegen werden unter dieser zusätzlichen Arbeitsbelastung leiden und ihrer jeweils eigenen Arbeit nicht mehr ordentlich nachkommen können. Es liegt folglich eine erhebliche Beeinträchtigung der betrieblichen Interessen vor.

Schließlich dürfte der B die Fortsetzung des Arbeitsverhältnisses nicht zumutbar sein. Insoweit ist eine Interessenabwägung unter Berücksichtigung der Umstände des Einzelfalls durchzuführen. Vorliegend sind jedoch keine Anhaltspunkte ersichtlich, die A besonders schutzwürdig oder das Beendigungsinteresse der B eher gering erscheinen lassen (anders etwa, wenn die A aufgrund eines Arbeitsunfalls krank wäre oder eine besonders lange Beschäftigung vorliegt).

Folglich überwiegt vorliegend das Beendigungsinteresse aufgrund der erheblichen Beeinträchtigung des betrieblichen Ablaufs.

Die Kündigung der A ist als krankheitsbedingte Kündigung sozial gerechtfertigt nach § 1 I KSchG.

Im Ergebnis ist daher festzuhalten, dass die Kündigung wirksam ist.

▸ **Hinweise** Die Prüfung einer personenbedingten Kündigung nach den genannten drei Stufen ist gerade bei krankheitsbedingten Kündigungen von hoher Praxisrelevanz. Der Bearbeiter muss die insoweit vorliegenden Sachverhaltsangaben in den Prüfungsaufbau an der richtigen Stelle verwerten und am Ende zu einer vertretbaren Lösung führen.

▸ **Wesentliche Paragrafen** §§ 1, 23 KSchG

3.9 Fall 25: Ein bisschen schwanger

3.9.1 Fallfrage

Bei Anja läuft es privat richtig gut. Sie ist schwer verliebt und im zweiten Monat schwanger.

Nur beruflich hatte sie in letzter Zeit wenig Glück. Die letzten Jobs waren echte Reinfälle; nun ist sie sogar arbeitslos. Anja ist deshalb auf der Suche nach einer neuen Anstellung.

Unter anderem bewirbt sie sich als Sekretärin bei der Grau GmbH. Der Geschäftsführer Frank fragt Anja bei dem Vorstellungsgespräch, ob sie denn auch voll einsatzfähig sei und nicht etwa krank oder schwanger wäre.

Anja beschließt ganz spontan, den Geschäftsführer zu belügen, und antwortet, dass sie weder schwanger sei, noch jemals Kinder haben wolle. Frank ist hocherfreut und stellt Anja ein.

Als Frank nach einigen Monaten den wachsenden Bauch von Anja sieht, fliegt die Lüge jedoch auf. Der Geschäftsführer fühlt sich betrogen und erklärt daher die Anfechtung des Arbeitsvertrages. Hilfsweise kündigt er Anja unter Einhaltung der Schriftform.

Anja ist verzweifelt und möchte ihren Job nicht verlieren. Sie fragt sich, ob das Arbeitsverhältnis mit der Grau GmbH fortbesteht und ob sie irgendetwas unternehmen muss.

3.9.2 Lösung

Fraglich ist, ob das Arbeitsverhältnis zwischen Anja (A) und der Grau GmbH (G) fortbesteht. Dieses könnte durch eine wirksam erklärte Anfechtung oder Kündigung des Geschäftsführers Grau beendet worden sein.

Sollte die G den Arbeitsvertrag wirksam angefochten haben, würde das Arbeitsverhältnis nach § 142 BGB nichtig sein.

Die nach § 143 BGB erforderliche Anfechtung wurde durch den gesetzlichen Vertreter Frank (F) erklärt. Fraglich ist aber, ob auch ein Anfechtungsgrund gegeben war.

In Betracht kommt vorliegend als Anfechtungsgrund eine arglistige Täuschung im Sinne des § 123 I BGB.

Dafür müsste folglich zunächst eine arglistige Täuschung nach § 123 I BGB vorliegen. Eine arglistige Täuschung ist das bewusste und widerrechtliche Aufrechterhalten oder Hervorrufen eines Irrtums über bestimmte Tatsachen, die den Getäuschten zur Abgabe seiner Willenserklärung bestimmt.

Hier hat der F die A ausdrücklich nach einer bestehenden Schwangerschaft gefragt. Die A antwortete bewusst wahrheitswidrig. Somit hat sie bei der G einen Irrtum hervorgerufen. Entsprechend liegt eine Täuschungshandlung vor. Aufgrund dieses Irrtums hat der F auch den Arbeitsvertrag für die G geschlossen, sodass diese durch die Täuschungshandlung zur Abgabe der Willenserklärung bestimmt wurde.

Zu fragen ist jedoch weiter, ob die Täuschung auch widerrechtlich war. Widerrechtlich ist eine Täuschung nur dann, wenn die Täuschung nicht den Vorgaben der Rechtsordnung entspricht.

Im Arbeitsrecht gibt es für Bewerbungssituationen bestimmte Fragen, die ihrerseits wegen eines Eingriffs in das Persönlichkeitsrecht des Bewerbers unzulässig sind. Insoweit sind nur solche Fragen zulässig, die konkret tätigkeitsbezogen sind und in ihrer Bedeutung einen Eingriff in die den Bereich der persönlichen Lebensführung überwiegen. Das ist bei der Frage nach der Schwangerschaft gerade nicht der Fall, denn durch die Frage nach der Schwangerschaft wird eine geschlechtsspezifische Diskriminierung vorgenommen, da nur Frauen diese Frage bejahen und damit ggf. eine nachteilige Behandlung erfahren können.

Wird eine solche unzulässige Frage gestellt, darf hierauf nicht nur die Antwort verweigert, sondern auch bewusst unwahr geantwortet werden. Andernfalls würde ein Schweigen des Bewerbers wiederum eine nachteilige Behandlung zur Folge haben.

Der A stand folglich das Recht zur Lüge zu. Ihre Täuschung war mithin nicht widerrechtlich.

Der G steht damit kein Anfechtungsgrund zu. Die Anfechtung konnte daher nicht wirksam erklärt werden.

Es ist deshalb weiter zu fragen, ob die hilfsweise erklärte Kündigung das Arbeitsverhältnis zwischen A und der G beendet hat. Die Schriftform der §§ 623, 126 BGB wurde zwar eingehalten.

Allerdings besteht zugunsten der A gemäß § 17 I S. 1 Nr. 1 MuSchG ein Sonderkündigungsschutz, der nur ausnahmsweise durch eine vorherige behördliche Genehmigung nach § 17 II

3.9 Fall 25: Ein bisschen schwanger

MuSchG entfallen würde. Sofern dem Arbeitgeber die Kündigung bekannt ist, darf eine werdende Mutter zum Schutze der Mutter und des ungeborenen Kindes nicht gekündigt werden.

Die Arbeitgeberin G hat Kenntnis von der bestehenden Schwangerschaft der A und will sie gerade deswegen entlassen. Eine vorherige behördliche Genehmigung der Kündigung liegt nicht vor.

Die Kündigung ist folglich wegen Verstoßes gegen § 17 I S. 1 Nr. 1 MuSchG unwirksam.

Da ihr jedoch eine schriftliche Kündigung ausgesprochen wurde, muss sie innerhalb von drei Wochen nach Erhalt gemäß den §§ 4, 7 KSchG eine Kündigungsschutzklage beim Arbeitsgericht erheben, damit die Kündigung nicht als rechtswirksam gilt.

▸ **Hinweise** Der Bearbeiter muss sowohl die Voraussetzungen einer Anfechtung als auch die einer Kündigung sorgfältig schrittweise durchprüfen. Dabei ist zu erkennen, dass in Erweiterung des Wortlautes des § 123 BGB auch für eine Täuschung die Widerrechtlichkeit festzustellen ist.

Gerade im Rahmen von Vorstellungsgesprächen ist auf die Rechtmäßigkeit gestellter Fragen abzustellen, um für den Bewerber einen angemessenen Schutzrahmen abzustecken. Hier kommt es auf eine gute Argumentation des Bearbeiters an.

Das Auffinden und Anwenden des Sonderkündigungsschutzes für Schwangere dürfte vorliegend keinerlei Probleme aufwerfen.

▸ **Wesentliche Paragrafen** §§ 123, 126, 623 BGB, § 17 MuSchG, §§ 4, 7 KSchG

3.10 Fall 26: Kindermädchen gesucht

3.10.1 Fallfrage

Sascha sucht eine neue Arbeit. Aufmerksam sucht er alle für ihn passenden Angebote. In der Zeitung liest er sodann die folgende Stellenanzeige der Familie Fahn:

> „Wir suchen schnellstmöglich ein Kindermädchen für unseren drei Jahre alten Sohn. Ein erziehungswissenschaftliches Studium setzen wir voraus. Die Bezahlung wird dementsprechend überdurchschnittlich ausfallen. Wenn Sie interessiert sind, freuen wir uns auf Ihre Bewerbung."

Sascha hat Erziehungswissenschaften studiert. Sein Studium hat er sogar als Jahresbester abgeschlossen. Er fühlt sich daher nicht nur qualifiziert für die ausgeschriebene Stelle, sondern wegen der guten Bezahlung geradezu persönlich angesprochen. Daher bewirbt er sich sofort auf die Stelle.

Sascha erhält jedoch eine Absage. Tatsächlich erhält die Stelle die Anja, welche ihr Studium indes deutlich schlechter abgeschlossen hat als Sascha.

In dem freundlichen Ablehnungsschreiben wird Sascha mitgeteilt, dass die Familie explizit ein Kindermädchen einstellen wollte, da ihren Kindern insbesondere die eher bei Frauen vorhandenen Empathiefähigkeiten zu Gute kommen sollen. Männer seien daher als Kindermädchen grundsätzlich nicht erwünscht, dies hätte sich auch bereits aus der deutlichen Formulierung der Anzeige ergeben. Sascha fühlt sich zurückgesetzt.

Er fragt, ob er finanzielle Ansprüche gegen die Familie geltend machen kann.

3.10.2 Lösung

Sascha (S) könnte gegenüber der Familie Fahn (F) einen Anspruch auf Entschädigung aus § 15 Abs. 2 AGG haben.

Dazu müsste zunächst das AGG überhaupt persönliche und sachliche Anwendung finden. In persönlicher Hinsicht ist der Anwendungsbereich in § 6 AGG definiert, wonach das Gesetz auf Arbeitnehmer, Auszubildende und Beschäftigte anzuwenden ist. Gemäß § 6 Abs. 1 Nr. 3 S. 2 AGG gelten auch Stellenbewerber als Beschäftige, sodass der Anwendungsbereich in persönlicher Hinsicht für den S vorliegend eröffnet ist.

In sachlicher Hinsicht ist das AGG nach § 2 AGG eröffnet, wenn eine der dort genannten Benachteiligungen aufgrund einer der in § 1 AGG genannten Gründe erfolgt ist. Nach § 2 Nr. 1 AGG gilt dies ausdrücklich für Einstellungskriterien.

Fraglich ist daher, ob eines der in § 1 AGG genannten Benachteiligungsmerkmale vorliegend betroffen sein kann. In der Stellenausschreibung der F wird ausdrücklich nach einem Kindermädchen gesucht. Als Begründung der Nichteinstellung wird S zudem mitgeteilt, dass die F nur nach einer Frau gesucht habe. Eine Benachteiligung aufgrund des Geschlechtes kommt daher vorliegend ernsthaft in Betracht, sodass auch in sachlicher Hinsicht der Anwendungsbereich des AGG eröffnet ist.

Ein Entschädigungsanspruch nach § 15 II AGG setzt voraus, dass die F gegen das Benachteiligungsverbot aus den §§ 7 Abs. 1, 1 AGG ohne Rechtfertigung verstoßen hat. Eine Benachteiligung liegt nach § 3 I AGG vor, wenn eine Person wegen eines in § 1 AGG genannten Grundes eine weniger günstige Behandlung erfährt, als eine andere Person in einer vergleichbaren Situation erfährt, erfahren hat oder erfahren würde. Wie soeben ausgeführt, hat die F mit der Nichteinstellung des S diesen aufgrund seines Geschlechts benachteiligt, da die Einstellungsentscheidung einzig deswegen erfolgt ist. Ein Verstoß gegen das Benachteiligungsverbot liegt mithin vor.

Die Benachteiligung könnte jedoch ausnahmsweise aufgrund von beruflichen Anforderungen im Sinne des § 8 AGG gerechtfertigt sein. Danach sind Ungleichbehandlungen gerechtfertigt, wenn die Tätigkeit wesentliche und entscheidende berufliche Anforderungen darstellt, die der Bewerber aufgrund des Benachteiligungsmerkmals im Sinne des § 1 AGG nicht mit sich bringt. Die F wünscht sich ausdrücklich ein Kindermädchen, da sie ihren Sohn frühzeitig Empathie lehren wollen. Dieses Ziel ist nach Auffassung der F mit der Einstellung eines Mannes nicht erreichbar. Entscheidend ist jedoch ein objektiver Maßstab. An einen Kinderbetreuer ist die Anforderung zu stellen, das Kind zu hüten, es zu pflegen, zu betreuen und zu erziehen. Dass Empathie eine rein weibliche Fähigkeit ist, ist indes nicht zutreffend. Die mit der Kinderbetreuung verbundenen Tätigkeiten können unabhängig vom Geschlecht der Betreuungsperson geleistet werden.

Der von der F vorgebrachte Grund ist somit keine Rechtfertigung wegen der beruflichen Anforderungen im Sinne des § 8 AGG. Ein anderer Rechtfertigungsgrund ist nicht ersichtlich.

Da der S durch sein sogar überdurchschnittlich gut abgeschlossenes Studium für die Stelle geeignet ist, dürfte es der F gemäß § 22 AGG kaum gelingen, den Gegenbeweis dafür zu führen, dass die Stellenbesetzung nicht wegen der Benachteiligung erfolgt ist.

S hat demzufolge einen Anspruch auf Entschädigung gegenüber F nach § 15 Abs. 2 AGG. Die Höhe des Entschädigungsanspruches richtet sich insbesondere nach den Erfolgsaussichten des S bei einer benachteiligungsfreien Entscheidung sowie der Schwere der Benachteiligung. Hätte die F den S nicht aufgrund seines Geschlechtes benachteiligt, wäre er aufgrund der besseren Qualifikation eingestellt worden. Auch ist der S gezielt und ausschließlich aufgrund seines Geschlechtes zurückgesetzt worden, sodass ein Entschädigungsanspruch i. H. v. drei Monatsgehältern als angemessen anzusehen ist.

S hat somit einen Anspruch auf Entschädigung nach § 15 Abs. 2 AGG i. H. v. drei Monatsgehältern gegenüber der F.

Darüber hinaus könnte der S auch einen konkreten Schadensersatzanspruch nach § 15 I AGG haben, da die F die Benachteiligung mit voller Absicht, also vorsätzlich und damit schuldhaft nach § 276 I BGB, vorgenommen hat. Da sich aus dem Sachverhalt jedoch keine Anhaltspunkte für einen konkreten Schaden ergeben, ist dieser ebenfalls dem Grunde nach bestehende Anspruch nicht zu vertiefen.

▸ **Hinweise** Der Bearbeiter musste erkennen, dass für die Benachteiligung des S entgegen der Auffassung der Familie F keine Rechtfertigungsgründe eingreifen. Eine andere Lösung scheint hier kaum vertretbar.

Darüber hinaus musste der Bearbeiter Kenntnis darüber haben, dass der Anspruch nach § 15 Abs. 2 AGG sich auf einen Entschädigungsanspruch bezieht, während § 15 Abs. 1 AGG den tatsächlichen Schaden ausgleichen soll. Das Verschulden des Arbeitgebers an der Benachteiligung darf nur bei § 15 Abs. 1 AGG geprüft werden, liegt hier jedoch offensichtlich vor.

Eine Vertiefung der Beweislastverteilung des § 22 AGG ist nicht erforderlich.

▸ **Wesentliche Paragrafen** § 1, 2, 3, 7, 8, 15 AGG, § 276 BGB

3.11 Fall 27: Wer weiß was?

3.11.1 Fallfrage

Lea und Ira arbeiten als Kassiererinnen im Supermarkt Alphakauf.

Am 20. Februar des Jahres passiert etwas Ungewöhnliches im ansonsten eher ruhigen Arbeitsalltag: Ira beobachtet, wie Lea sich kurz vor Feierabend an der Kasse vergreift. Sie traut zwar ihren Augen kaum, zückt aber sofort geistesgegenwärtig ihr Handy und filmt das Geschehen.

Die Geschäftsleiterin des Alphakauf, Frau Alpha, befindet sich derweil im Urlaub. Ira überlegt unterdessen hin und her, ob und wie sie sich verhalten soll. Im Ergebnis zeigt sie der aus dem Urlaub zurückgekehrten Frau Alpha am 16. März des Jahres die eindeutigen Aufnahmen.

Obwohl Frau Alpha sichtlich aufgebracht ist, beschäftigen sie private Probleme noch mehr, sodass sie zunächst vergisst, dem Vorgang nachzugehen und die Lea mit der unangenehmen Angelegenheit zu konfrontieren.

Am 29. März des Jahres nimmt sie sich dann der Sache an und beschließt, der Lea aufgrund des erheblichen finanziellen Schadens und des gravierenden Vertrauensbruchs fristlos zu kündigen.

Am darauffolgenden Tag (30. März) übergibt Frau Alpha der Lea das formgerechte Kündigungsschreiben.

Lea gesteht zwar ein, dass sie die Unterschlagung begangen habe und dass deshalb die Vertrauenslage zwischen ihr und ihrem Arbeitgeber nachhaltig zerstört sei. Sie behauptet aber, dass ihre Tat schon zu lange zurückläge und dass ihr deshalb nicht mehr fristlos gekündigt werden könne.

Hat die Lea Recht mit ihrer Einschätzung?

3.11.2 Lösung

Fraglich ist, innerhalb welcher Frist eine fristlose Kündigung aus wichtigem Grund nach § 626 I BGB ausgesprochen werden muss.

Dem Wortlaut der § 626 II S. 1 und S. 2 BGB nach zu urteilen, beträgt die Frist für derartige Kündigungen insgesamt zwei Wochen, die mit dem Zeitpunkt beginnen, in welchem der Kündigungsberechtigte von den Tatsachen erfährt, die maßgebend für die Kündigung sind.

Fraglich ist folglich, wann Frau Alpha (A) vorliegend von den Tatsachen erfahren hat, die maßgebend für die Kündigung sind. Dies könnte das Beobachten und Filmen der Tat durch die Ira (I) am 20. Februar oder das Zeigen des Filmes gegenüber der A (16. März) sein.

Durch das Beobachten und Filmen der Tat würde dann eine Kenntnis der A einsetzen, wenn ihr das Wissen der I zuzurechnen wäre. Unter analoger Anwendung des § 166 I BGB sind Kenntnisse eines sog. „Wissensvertreters" einem Arbeitgeber zuzurechnen. Zu fragen ist daher, ob die I ein solcher Wissensvertreter ist.

Ein Wissensvertreter liegt vor, wenn der Arbeitnehmer als Repräsentant des Arbeitgebers einen Teil vom Aufgabenbereich des Arbeitgebers in Eigenverantwortung erledigt und in diesen Aufgabenkreis entsprechend eingebunden ist.

Vorliegend ist die I genau wie Lea (L) eine einfache Kassiererin der A. Eine den Arbeitgeber repräsentierende Stellung kommt ihr nicht zu. Sie hat keinerlei Leitungsfunktion und ist auch nicht in sonstiger Weise mit Aufgaben betraut, die den Aufgabenkreis der A betreffen. Die I war somit nicht Wissensvertreterin der A.

Da der A das Wissen der I folglich nicht zugeordnet werden kann, kommt der 20. Februar auch nicht als Fristbeginn in Betracht.

Als fristauslösendes Ereignis kommt daher lediglich die persönliche Kenntnisnahme der A (16. März) infrage. Gemäß § 188 II BGB enden Fristen, die im Wortlaut nach Wochen bemessen sind, mit dem Ablauf des letzten Tages. Bei einem Fristbeginn am 16. März des Jahres endet damit die Frist zum Ablauf des 30. März des Jahres.

Die von der A formgerecht ausgesprochene Kündigung ist daher noch fristgerecht erfolgt. Demzufolge liegt L mit ihrer rechtlichen Einschätzung falsch.

▶ **Hinweise** Für die Lösung des vorliegenden Falles war es notwendig, sowohl den tatsächlichen Moment der Kenntnis des Arbeitgebers herauszuarbeiten als auch einen kurzen Rückgriff auf den allgemeinen Teil des BGBs zu nehmen.

Auch, wenn die Rechtsfigur des Wissensvertreters dem Bearbeiter nicht bekannt sein sollte, wäre das Problem der Wissenszurechnung zu erkennen und argumentativ zu lösen gewesen.

Die Anwendung des § 188 BGB dürfte sodann keine Probleme mehr bereiten.

▶ **Wesentliche Paragrafen** §§ 166, 188, 626 BGB

3.12 Fall 28: Lohn ohne Arbeit

3.12.1 Fallfrage

Melanie betreibt eine kleine Boutique im Stadtzentrum. Da an Samstagen in der Regel ein hoher Kundenansturm herrscht, hat sie zur Unterstützung die Studentin Charlene eingestellt. An den restlichen Wochentage ist nur Melanie persönlich in dem Laden tätig. Deshalb ist arbeitsvertraglich mit Charlene ausdrücklich nur der Samstag als Arbeitstag vereinbart.

Das Arbeitsverhältnis läuft fast ein Jahr lang störungsfrei, Melanie ist geradezu begeistert von ihrer Aushilfe. Dann neigt sich allerdings das Studium der Charlene dem Ende zu. Früh werden von ihrem Fachbereich diesbezüglich die einzelnen Termine zu den Abschlussprüfungen bekanntgegeben. Wie das Schicksal es so will, soll ihre mündliche Prüfung an einem Samstag abgelegt werden. Charlene kann daher an dem besagten Samstag nicht arbeiten. Selbst nach mehrmaliger Rücksprache mit der Hochschulverwaltung kann ihr kein abweichender Termin angeboten werden.

Als Charlene diesen Umstand der Melanie mitteilt, zeigt diese zwar Verständnis, äußert jedoch, dass dies entsprechende Auswirkungen auf Charlenes Vergütung habe. Schließlich gelte der Grundsatz: „Keine Arbeit – kein Geld".

Diese Folge wäre für Charlene allerdings gravierend, da sie dringend auf ihr Arbeitsentgelt angewiesen ist. Ein Urlaubstag steht ihr nicht zur Verfügung.

Sie fragt Sie daher, ob es nicht eine andere Möglichkeit gibt, die Vergütung ohne die Arbeitsleistung zu erhalten.

3.12.2 Lösung

Fraglich ist, ob Charlene (C) einen Anspruch auf Vergütung gegen Melanie (M) hat.

Ein Anspruch auf Vergütung nach § 611 BGB setzt grundsätzlich neben dem hier bestehenden Arbeitsvertrag die Erbringung der Arbeitsleistung voraus.

Dies ist hier gerade nicht der Fall. Da eine konkrete Zeit für die hier nicht erfolgende Erbringung der Arbeitsleistung vereinbart ist, liegt eine Fixschuld vor, sodass der Vergütungsanspruch nach den §§ 326 I, 275 I, IV BGB ersatzlos entfallen würde.

Allerdings könnte für die C hier die Ausnahmeregelung des § 616 BGB greifen. Danach wäre die Vergütung auch dann geschuldet, wenn eine Arbeitsverhinderung aus Gründen in der Person des Arbeitnehmers und ohne dessen Verschulden vorliegt.

Fraglich ist daher, ob eine Verhinderung der C an der Arbeitsleistung gemäß § 616 BGB gegeben ist. Dies wäre nur dann zu bejahen, wenn es sich um Verhinderungen handelt, die es dem Arbeitnehmer für eine verhältnismäßig unerhebliche Zeit unmöglich oder unzumutbar machen, die geschuldete Arbeit zu erbringen.

Vorliegend könnte die C die Arbeit körperlich ohne Weiteres erbringen. Es kommt jedoch ein Fall der Unzumutbarkeit in Betracht.

Nach § 275 III BGB liegt Unzumutbarkeit vor, wenn dem Arbeitnehmer unter Abwägung des leistungsentgegenstehenden Hindernisses mit dem Leistungsinteresse des Arbeitgebers nicht zugemutet werden kann, die geschuldete Arbeit zu verrichten. Vorliegend stehen sich das Interesse der C an der mündlichen Prüfung und das Interesse der M an der Erbringung der geschuldeten Arbeitsleistung gegenüber. Die Berücksichtigung der jeweiligen Folgen ergibt, dass ein Fernbleiben von der Prüfung möglicherweise erhebliche Auswirkungen auf den von C angestrebten Karriereweg hat, während ein Fernbleiben von der Arbeit lediglich einen möglicherweise stressigen Geschäftstag für die M bedeutet. Darüber hinaus handelt es sich hierbei nur um ein einmaliges und kurzes Nichterbringen der Arbeitsleistung. Im Ergebnis liegt daher eine Unzumutbarkeit nach den §§ 275 III BGB vor.

Ferner müsste dieses Leistungshindernis ausschließlich in der Person der C liegen. Ein Leistungshindernis in der Person des Arbeitnehmers ist nur dann gegeben, wenn sich der Verhinderungsgrund nicht auf einen größeren Personenkreis erstreckt. Da es sich um eine individuelle mündliche Prüfung handelt, liegt der Verhinderungsgrund auch gerade in der Person der C.

Schließlich müsste die Verhinderung ohne Verschulden der C eintreten. Maßgeblich sind diesbezüglich die allgemeinen Regeln der §§ 276, 277 BGB. Vorliegend wurde der C der Termin vorgegeben. Zudem hat C erfolglos versucht, diesen seitens der Hochschule festgelegten Termin verlegen zu lassen. Sie hat daher alles in ihrer Sphäre Mögliche versucht, die Verhinderung zu beseitigen. Ein Vorwurf im Sinne einer Verletzung der erforderlichen Sorgfalt nach § 276 II BGB kann ihr folglich nicht gemacht werden.

Mithin sind alle tatbestandlichen Voraussetzungen des § 616 BGB erfüllt, sodass vorliegend nach den §§ 611, 616 BGB ein Anspruch auf Zahlung der Vergütung ohne Erbringung der Arbeitsleistung besteht.

3.12 Fall 28: Lohn ohne Arbeit

Der C ist somit zu antworten, dass sie auch für den gegenständlichen Samstag einen gesetzlichen Anspruch auf Vergütung hat.

▸ **Hinweise** Die arbeitsvertraglichen Hauptleistungspflichten Arbeit und Vergütung stehen sich wechselseitig gegenüber. Regelmäßig gibt es die eine Leistung nicht ohne die Erbringung der anderen. Hierzu sind jedoch einige Ausnahmen geregelt.

Eine davon ist § 616 BGB, welche der Bearbeiter vorliegend anhand der einzelnen Tatbestandsmerkmale umfassend durchzuprüfen hat.

Wesentliche Paragrafen §§ 611, 616, 275, 276, 277, 326 BGB

3.13 Fall 29: Urlaubsabgeltung

3.13.1 Fallfrage

Bernd betreibt einen Biergarten. Erfahrungsgemäß ist im Sommer für einen Zeitraum von Mai bis August Saisonbetrieb mit erhöhtem Personalbedarf.

Deshalb wird Tim für vier Monate ordnungsgemäß befristet eingestellt. Tim soll vertragsgemäß sechs Tage die Woche je acht Stunden arbeiten. Der Stundenlohn soll 10 € betragen.

Über Urlaub wird nicht gesprochen. Daran ist wegen der vielen Arbeit auch gar nicht zu denken. Kurz vor Ende des Arbeitsverhältnisses kommen Tim jedoch Zweifel. Bei einem schönen Feierabendbier fragt er Sie, ob er nicht jedenfalls einen finanziellen Ausgleich zum Ende des Arbeitsverhältnisses bekommen könne, wenn ihm schon kein Urlaub gewährt werde. Falls dies der Fall wäre, fragt Tim weiter, wie hoch der Ausgleich wäre.

Was raten Sie dem Tim?

3.13.2 Lösung

Tim (T) könnte gegen Bernd (B) einen Anspruch auf Urlaubsabgeltung nach § 7 IV BUrlG haben.

Dieser setzt voraus, dass T noch Anspruch auf Erholungsurlaub hat, wenn das Arbeitsverhältnis beendet ist. Vorliegend ist das Arbeitsverhältnis beendet.

Fraglich ist aber, ob ein Anspruch auf Urlaub besteht. Nach den arbeitsvertraglichen Regelungen wurde kein Erholungsurlaub vereinbart.

Ein Anspruch auf Urlaub könnte sich jedoch aus § 1 BUrlG ergeben. Danach hat jeder Arbeitnehmer einen Anspruch auf bezahlten Urlaub.

Die Dauer des Erholungsurlaubs richtet sich dabei nach § 3 I BUrlG und beträgt 24 Werktage jährlich. Gem. § 3 II BUrlG geht der Gesetzgeber hierbei von einer Sechs-Tage-Woche aus.

Zu fragen ist deshalb, ob dem T nach den vier Monaten Beschäftigung jedenfalls anteilig ein Urlaubsanspruch zusteht. Der vom Gesetz geregelte Urlaubsanspruch wird vollumfänglich gemäß § 4 BUrlG erst nach sechsmonatigem Bestehen des Arbeitsverhältnisses erworben. Für Fälle, in denen das Arbeitsverhältnis schon vor Ablauf dieser Wartezeit beendet wird, hat der Gesetzgeber jedoch die Möglichkeit des Teilurlaubs vorgesehen.

Gemäß § 5 I lit. b BUrlG haben Arbeitnehmer in diesen Fällen einen Anspruch auf ein Zwölftel des Jahresurlaubs für jeden vollen Monat des Bestehens des Arbeitsverhältnisses.

Vorliegend war T insgesamt vier Monate bei B beschäftigt, sodass sich gem. § 5 I lit. b BUrlG eine Urlaubsdauer von insgesamt acht Werktagen für den T ergibt.

Da dieser Urlaub im laufenden Arbeitsverhältnis nicht gewährt wurde, ist er entsprechend abzugelten. Folglich hat T einen Anspruch auf Urlaubsabgeltung für acht Tage gemäß § 7 IV BUrlG.

Fraglich ist daher nunmehr die Höhe des Abgeltungsanspruchs.

Diese bemisst sich gem. § 11 I BUrlG anhand des durchschnittlichen Verdienstes der letzten 13 Wochen. Daraus ergibt sich sodann die folgende Rechenformel:

Gesamtarbeitsverdienst der letzten 13 Wochen multipliziert mit den offenen Urlaubstagen dividiert durch die Anzahl der erbrachten Arbeitstage im benannten Zeitraum.

T erhält laut Vereinbarung einen Stundenlohn von 10 €. Bei acht Stunden täglicher Arbeit bedeutet dies ein Tagesverdienst von 80 €, was bei sechs Arbeitstagen pro Woche somit ein Wochenverdienst von 480 € ergibt. In 13 Wochen hat der T dementsprechend einen Gesamtarbeitsverdienst von 6.240 € zu verbuchen und 78 Arbeitstage absolviert.

Somit ergibt sich für die Urlaubsabgeltung folgende Rechnung: 6.240 € (Gesamtarbeitsverdienst der letzten 13 Wochen) x 8 (offene Urlaubstage) / 78 (Gesamtarbeitstage der letzten 13 Wochen) = 640 €. Dem T steht folglich eine Urlaubsabgeltung i. H. v. 640 € zu.

▸ **Hinweise** Für eine gute Lösung des Falles muss der Bearbeiter zwischen dem Abgeltungsanspruch dem Grunde nach und dessen Höhe unterscheiden und diese beiden Punkte nacheinander durchprüfen.

Der Abgeltungsanspruch folgt dem Urlaubsanspruch. Insoweit ist vorliegend der zwingende gesetzliche Mindesturlaubsanspruch anzulegen.

Die Berechnung der Anspruchshöhe ergibt sich unmittelbar aus § 11 BUrlG, sodass der Bearbeiter nur den Rechenweg darzulegen hat.

▶ **Wesentliche Paragrafen** §§ 4, 5, 7, 11 BUrlG

3.14 Fall 30: Skifahren ist ungesund

3.14.1 Fallfrage

Rechtsanwalt Tim hat mit der örtlichen Universität einen „freien Dozentenvertrag". Dem Vertragsinhalt zufolge soll Tim in der Vorlesungszeit jeden Dienstag eine Vorlesung zum Bürgerlichen Recht an der Universität halten. Die genaue Uhrzeit sollte von Tim nach Absprache mit der Fachbereichskoordinatorin noch festgelegt werden. Wie Tim die Vorlesungen inhaltlich gestalten möchte, ist ihm frei überlassen worden. Im Gegenzug dafür soll er für jede gehaltene Vorlesung ein Honorar i. H. v. 150 € erhalten.

Während der vorlesungsfreien Zeit fährt Tim in den Ski-Urlaub. Dabei stürzt er ohne jegliches Eigenverschulden äußerst unglücklich, sodass er in den ersten fünf Wochen des aktuellen Semesters die mit der Universität vereinbarten Vorlesungen nicht halten kann.

Hat Tim trotz des krankheitsbedingten Ausfalls einen Anspruch auf Zahlung des Honorars gegen die Universität?

3.14.2 Lösung

Tim (T) könnte einen Anspruch auf Zahlung des Honorars gem. § 3 I S. 1 EFZG für die fünf ausgefallenen Vorlesungen gegen die Universität (U) haben.

Dies setzt voraus, dass der T Arbeitnehmer der U ist. Arbeitnehmer sind die Personen, die aufgrund eines privatrechtlichen Vertrages eine Dienstleistung schulden und im Rahmen dessen einer unselbständigen Tätigkeit nachgehen. Vorliegend haben die Parteien einen freien Dozentenvertrag, also einen auf den Austausch von Dienst und Vergütung gerichteten Vertrag nach § 611 BGB geschlossen. Fraglich ist aber, ob der T aufgrund dieses Vertrages auch einer unselbständigen Tätigkeit nachzugehen hat.

Aus dem Vertrag ergibt sich nur, dass der T mit dem Halten von Vorlesungen eine Dienstleistung schuldet. Die Selbständigkeit ist anhand aller einzelnen Umstände der Vertragspraxis in einer Gesamtbetrachtung nach dem Begriff der Selbständigkeit gemäß § 84 I S. 2 HGB zu ermitteln.

Demzufolge ist derjenige selbständig, der im Wesentlichen seine Tätigkeit frei gestalten und seine Arbeitszeit bestimmen kann. Dagegen ist jedenfalls derjenige unselbständig, der gemäß § 106 GewO den Weisungen des Arbeitgebers hinsichtlich Inhalt, Ort und Zeit der Leistung nach billigem Ermessen zu folgen hat.

Zwischen T und U wurde vereinbart, dass T jeden Dienstag zu einer festen Zeit eine Vorlesung zum Bürgerlichen Recht an der Universität halten soll. Indes konnte der T mit der Fachbereichskoordinatorin die konkrete Vorlesungszeit noch festlegen und somit seine zeitlichen Präferenzen einfließen lassen.

Darüber hinaus ist mit der Vorgabe „Bürgerliches Recht" zwar ein grobes Thema als Gegenstand der Vorlesung festgelegt worden. Es steht dem T jedoch frei, wie er die Vorlesung gestaltet. Zudem kann er in diesem sehr breiten Gesamtthema eigene Schwerpunkte setzen, sodass er den Inhalt der Leistung im Wesentlichen frei bestimmen kann.

Zusammenfassend ist daher festzuhalten, dass der T nur ganz grobe Rahmenbedingungen zu erfüllen hat, seine Dozententätigkeit in diesem breiten Rahmen aber sehr frei ausübt. Folglich liegt eine selbständige Tätigkeit vor.

T ist damit nicht Arbeitnehmer der U. Der § 3 I S. 1 EFZG findet folglich keine Anwendung.

T hat gegenüber der U keinen Anspruch auf Zahlung des Honorars für die ausgefallenen Vorlesungen.

▸ **Hinweise** Ob jemand Arbeitnehmer oder Selbständiger ist, ist eine ganz zentrale Weichenstellung für die Bestimmung des einschlägigen Rechts. Die Anwendbarkeit nahezu aller arbeitsrechtlichen Regelungen setzt voraus, dass ein Arbeitsverhältnis gegeben ist.

Der Bearbeiter muss sich daher den Gegensatz zwischen selbständiger und weisungsgebundener Tätigkeit vor Augen führen und den vorliegenden Fall anhand der auch für das Arbeitsrecht maßgeblichen Definition des § 84 I S. 2 HGB lösen. Wichtig ist, dass dabei eine Gesamtbetrachtung der vertraglichen Regelungen erfolgt. Auch ist ggf. zu beachten, dass die tatsächliche Praxis von den vertraglichen Regelungen abweichen kann, sodass dann auf die gelebte Vertragspraxis abzustellen ist.

▸ **Wesentliche Paragrafen** § 611 BGB, § 3 EFZG, § 84 HGB; § 106 GewO

3.15 Fall 31: Bezahltes Vorstellungsgespräch

3.15.1 Fallfrage

Linda hat Maschinenbau studiert und ist als Jahrgangsbeste von der Universität gegangen. Die Geiz GmbH genießt einen exzellenten Ruf in der Branche. Über viele Jahre hinweg hat sie ein Netzwerk von Alumni und Förderern aufgebaut, sodass sie stets über herausragende Talente informiert wird.

So hat sie auch von der Begabung der Linda erfahren und lädt diese zu einem kurzfristigen Vorstellungsgespräch ein. Linda freut sich darüber sehr. Obwohl sie in Berlin wohnhaft ist und das Vorstellungsgespräch abends in München stattfinden soll, möchte sie die lange Fahrt gerne auf sich nehmen.

Dazu vergleicht sie im Internet die Preise und findet heraus, dass sie schneller und günstiger mit dem Flugzeug als mit der Bahn (2. Klasse) nach München und wieder zurück nach Berlin kommt. Sie bucht aus diesem Grund die Flüge so, dass sie am Tag des Vorstellungsgespräches gegen 16 Uhr in München ankommt und am darauffolgenden Tag um 13 Uhr wieder zurück nach Berlin fliegt.

Da ihrer Auffassung nach zwei Flüge am selben Tag und in so kurzer Zeit hintereinander zu anstrengend sind und sie auf Grund dessen eine Nacht in München bleiben möchte, schaut sie sich zudem nach einem Hotel um. Dabei sind aufgrund der Kurzfristigkeit des Termins ausschließlich Vier- oder Fünf-Sterne-Hotels verfügbar. L überlegt kurz und entscheidet sich dann erneut für die kostengünstigste zur Verfügung stehende Variante.

Das Vorstellungsgespräch verläuft aus Lindas Sicht sehr erfreulich, sodass sie sich große Hoffnung auf eine Anstellung macht.

Knapp einen Monat nach dem Termin teilt die Geiz GmbH der Linda jedoch mit, dass sie sich für einen anderen Bewerber entschieden habe. Linda ist darüber über alle Maßen erbost, schließlich hat sie eine Menge Geld für die Flüge und das Hotel bezahlt.

Sie verlangt daher nunmehr unter Vorlage aller Belege die Kostenerstattung von der Geiz GmbH. Diese antwortet daraufhin, dass sowohl die Flüge als auch eine Übernachtung in einem Vier-Sterne-Hotel reiner Luxus wären, den sie ganz sicher nicht erstatten werde.

Wie ist die Rechtslage?

3.15.2 Lösung

Linda (L) könnte einen Anspruch auf Aufwandsersatz nach § 670 BGB gegen die Geiz GmbH (G) haben. Danach sind dem Beauftragten zum Zwecke der Ausführung des Auftrags getätigte Aufwendungen, die er den Umständen nach für erforderlich halten durfte, vom Auftraggeber zu ersetzen.

Dazu müsste die G der L vorerst einen Auftrag im Sinne des § 670 BGB erteilt haben. Im Rahmen von Vorstellungsgesprächen liegt dann ein Auftrag vor, wenn der Arbeitgeber den Bewerber zum Gespräch bittet, da in diesen Fällen der Arbeitgeber den Arbeitnehmer auffordert, eine bestimmte Handlung vorzunehmen. Erscheint ein Bewerber unaufgefordert bei einem Arbeitgeber, liegt dagegen kein Auftrag vor.

Vorliegend hat die G die L zum Vorstellungsgespräch eingeladen, sodass folglich ein Auftrag nach § 670 BGB vorliegt.

Des Weiteren müsste es sich bei den geltend gemachten Kosten um zum Zwecke der Ausführung des Auftrags gemachte Aufwendungen handeln, die L den Umständen nach für erforderlich halten durfte.

Die An- und Abreisekosten zum Vorstellungsgespräch sind notwendige Aufwendungen, ohne die der Auftrag gar nicht erfüllt werden kann. Fraglich ist aber, in welcher Höhe solche Kosten als erforderlich angesehen werden können. Der gleiche Maßstab gilt für Übernachtungskosten. Insoweit ist zu prüfen, ob sie dem Grunde und der Höhe nach als erforderlich angesehen werden konnten. Dem Grunde nach ist das der Fall, wenn eine Rückfahrt am selben Tag für den Bewerber unzumutbar ist. Der Höhe nach liegen erforderliche Aufwendungen vor, wenn sie angemessen sind, d. h. insbesondere keine andere, kostengünstigere und zumutbare Übernachtungsmöglichkeit bestanden hat.

Nach dem Vorgenannten ist die Erstattung von Bahnkosten in der 2. Klasse stets erstattungsfähig, da dies eine angemessene und zumutbare Beförderungsvariante ist. Für Flugkosten gilt, dass diese grundsätzlich nur bis zur Höhe der entsprechenden Bahnkosten erstattungsfähig sind. Vorliegend waren der Hin- und Rückflug von Berlin/München günstiger als die entsprechenden Bahnfahrten 2. Klasse, sodass die Kosten auch der Höhe nach für erforderlich gehalten werden durften.

Hinsichtlich des Hotels ist zunächst zu prüfen, ob eine Übernachtung überhaupt erforderlich war. Das gegenständliche Vorstellungsgespräch war abends in München terminiert. Eine Rückreise im Anschluss hätte folglich einen Transfer vom Ort des Vorstellungsgesprächs zum Flughafen, den Check-in, den Rückflug und den Transfer zurück zur Wohnung zur Folge gehabt. Die L wäre somit bestenfalls mitten in der Nacht wieder zu Hause. Schon dieser beste Fall wäre der L nicht zuzumuten, da die damit einhergehende Reisebelastung ganz erheblich ist. Mithin war eine Übernachtung als solche erforderlich. Das konkret gewählte Hotel gehört mit vier Sternen jedoch der oberen Kategorie an und kann daher grundsätzlich nicht als erforderlich angesehen werden, zumal auch ein Hotel der mittleren Kategorie hinreichend und zumutbar gewesen wäre. Vorliegend ist das Vorstellungsgespräch jedoch sehr kurzfristig terminiert worden. Zudem hat die L versucht, ein günstigeres Hotel zu bekommen. Dies war indes nicht möglich, sodass hier das teure Hotel als erforderlich angesehen werden konnte.

3.15 Fall 31: Bezahltes Vorstellungsgespräch

Folglich hat die L einen Anspruch auf Ersatz der tatsächlich angefallenen Flug- und Hotelkosten gem. § 670 BGB gegen die G.

▶ **Hinweise** Wenn Arbeitgeber Bewerber zu Vorstellungsgesprächen, Assessment Centern o. Ä. laden, haben die Bewerber entsprechende Auslagen zu tragen. Diese können ganz beträchtliche Größenordnungen erreichen.

Die arbeitsgerichtliche Rechtsprechung erkennt vor diesem Hintergrund in der Einladung zu einem Vorstellungsgespräch etc. einen Auftrag des Arbeitgebers mit der entsprechenden Kostentragungsfolge.

Der Bearbeiter des Falles muss dies zunächst dem Grunde nach erkennen. Darüber hinaus ist herauszuarbeiten, wo die Grenze der aus Sicht des Bewerbers zu bewertenden Erforderlichkeit der Aufwendungen liegt.

▶ **Wesentliche Paragrafen** § 670 BGB

3.16 Fall 32: Der kranke Walter

3.16.1 Fallfrage

Walter ist seit dem 01. November bei der Unfair GmbH tätig. Nur wenige Tage nach der Aufnahme der Tätigkeit erkrankt er am 09. November an einer Lungenentzündung, die ohne erkennbaren Grund aus dem Nichts heraus auftritt. Erst am 16. Dezember ist er wieder vollkommen auskuriert und nimmt seine Arbeit wieder auf.

Wie das Schicksal es so will, wird Walter am 21. Dezember erneut krank. Diesmal hat er eine Magen-Darm-Infektion und kann erst im neuen Jahr am 08. Januar wieder arbeiten. Walter hatte wohl irgendetwas Unbekömmliches gegessen.

Ende Januar stellt Walter dann fest, dass seine Finanzen nicht so richtig geordnet sind. Bei der Prüfung seiner drei letzten Gehaltsabrechnungen November, Dezember und Januar erkennt Walter die Ursache. Der Arbeitgeber hat für die Krankheitszeiten jeweils kein Gehalt gezahlt.

Fest davon überzeugt, dass es sich um ein Missverständnis handeln muss, spricht er daraufhin den Personalleiter der Unfair GmbH an. Dieser entgegnet, dass nur dann gezahlt werden müsse, wenn auch gearbeitet wird.

Für diese Auskunft hat Walter kein Verständnis. Er ist dringend auf die vollständige Auszahlung des Gehaltes angewiesen und fragt Sie, ob die Auskunft des Personalleiters zutreffend ist.

Was antworten Sie?

3.16.2 Lösung

Fraglich ist, ob Walter (W) auch in den Zeiten seiner Krankheiten Anspruch auf Vergütung gegen die Unfair GmbH (U) hat.

In Betracht kommt hierfür ein Anspruch auf Entgeltfortzahlung im Krankheitsfall nach § 3 I S. 1 EFZG. Hierfür sind die beiden Krankheiten jeweils gesondert zu betrachten.

I. Lungenentzündung

W könnte gegen die U für den Zeitraum vom 09. November bis zum 16. Dezember einen Anspruch auf Entgeltfortzahlung gem. § 3 I S. 1 EFZG haben. Danach haben Arbeitnehmer Anspruch auf bis zu sechs Wochen Entgeltfortzahlung im Krankheitsfall wegen derselben Krankheit.

Zunächst ist festzuhalten, dass W die nach § 1 I EFZG erforderliche Eigenschaft als Arbeitnehmer der U hat.

Außerdem müsste W im angegeben Zeitraum ohne eigenes Verschulden arbeitsunfähig erkrankt gewesen sein. W war wegen einer plötzlich auftretenden Lungenentzündung arbeitsunfähig krank. Für ein Verschulden des W sind keine Anhaltspunkte ersichtlich. Folglich hätte W demnach einen Anspruch auf sechs Wochen Entgeltfortzahlung.

Zu beachten ist jedoch § 3 III EGFZ. Danach muss das Arbeitsverhältnis mindestens vier Wochen ununterbrochen bestanden haben, bevor der Arbeitnehmer den Anspruch auf Entgeltfortzahlung für eine Arbeitsunfähigkeit von bis zu sechs Wochen hat. Der Anspruch nach § 3 I S. 1 EFZG setzt somit erst nach Ablauf des letzten Tages der Vier-Wochen-Frist ein.

Vorliegend hat das Arbeitsverhältnis am 01. November begonnen. Die Frist endet für den W somit mit Ablauf des 28. November. Erkrankt war W bis zum 15. November einschließlich.

Folglich hat W gegen die U im Zeitraum vom 29. November bis zum 15. Dezember einschließlich einen Anspruch auf Entgeltfortzahlung gem. § 3 I S. 1 EFZG.

II. Magen-Darm-Infektion

Darüber hinaus könnte der W auch einen Anspruch auf Entgeltfortzahlung gem. § 3 I S.1 EFZG für den Zeitraum vom 21. Dezember bis zum 08. Januar des Folgejahres gegen die U haben.

W war auch in diesem Zeitraum Arbeitnehmer der U. Er war an einer Magen-Darm-Infektion arbeitsunfähig erkrankt, deren Ursache wohl in einem nicht bekömmlichen Lebensmittel lag. Auch insoweit ist kein Verschulden des W erkennbar.

Zudem ist die Vier-Wochen-Frist gem. § 3 III EFZG wie schon ausgeführt bereits abgelaufen.

Fraglich ist jedoch, ob es sich um dieselbe Krankheit handelt. In diesem Fall müsste zwischen den beiden Krankheiten ein zeitlicher Abstand von einem halben Jahr liegen, um einen erneuten Anspruch auf sechs Wochen Entgeltfortzahlung beginnen zu lassen. Hier ist der W jedoch aufgrund zweier verschiedener Krankheiten arbeitsunfähig. Die Lungenentzündung und die Magen-Darm-Infektion beinhalten erkennbar nicht das gleiche Krankheitsbild.

Folglich hat W einen Anspruch auf Fortzahlung des Arbeitsentgeltes für die Arbeitsunfähigkeit vom 21. Dezember bis zum 08. Januar des Folgejahres.

Dem W ist zu antworten, dass er einen Anspruch auf Entgeltfortzahlung vom 29. November bis zum 15. Dezember und vom 21. Dezember bis zum 08. Januar des Folgejahres hat.

▸ **Hinweise** Ein Anspruch auf Entgeltfortzahlung im Krankheitsfall setzt neben dem Ende der Wartezeit nur die Arbeitnehmereigenschaft und eine unverschuldete Krankheit voraus. Der Bearbeiter wird insoweit vor keine Schwierigkeiten gestellt.

Der Schwierigkeitsgrad in Fällen zur Entgeltfortzahlung steigt, wenn die Berechnung der Fortzahlungszeiträume für dieselbe Krankheit verlangt wird, da dann die zusätzlichen Voraussetzungen des § 3 I S. 1 Nr. 1 oder 2 EFZG erfüllt sein müssen.

▸ **Wesentliche Paragrafen** §§ 1, 3 EFZG

3.17 Fall 33: Ricardo will nicht arbeiten

3.17.1 Fallfrage

Ricardo ist bei der Bombastisch GmbH als Laborant für die Entwicklung neuer Medikamente angestellt. Die Bombastisch GmbH hat sich über Jahrzehnte hinweg vor allem als Produzent für Schmerzmittel etabliert. Sie ist ein hoch spezialisiertes kleines Unternehmen und beschäftigt neben Ricardo noch 15 weitere Mitarbeiter. Diese sind genau wie Ricardo gelernte Chemiker und alle zusammen in der Entwicklung von neuen Medikamenten tätig.

Seit Kurzem möchte die Bombastisch GmbH ihr Geschäftsfeld erweitern. Sie beabsichtigt, ihren sehr renommierten Namen dafür zu verwenden, zusätzlich zu den gut am Markt platzierten Schmerzmitteln eine Schwangerschaftsabbruch-Pille zu vertreiben. Deshalb beauftragt sie unter anderem den Ricardo mit der Entwicklung einer solchen Pille.

Ricardo ist streng katholisch erzogen worden. Er ist der Meinung, dass grundsätzlich jede Form von Leben Gottes Werk ist. Nur Gott habe das Recht, über Leben und Tod zu entscheiden. Abtreibung sei daher grundsätzlich und ausnahmslos ein verabscheuungswürdiges Verbrechen. Ricardo ist in der Pharma-Industrie tätig, weil er Leben verbessern oder gar retten, und nicht, weil er welches beenden möchte. Die Beteiligung an der Entwicklung einer Schwangerschaftsabbruch-Pille sei mit seinem Gewissen unvereinbar. Mit dieser Begründung lehnt er gegenüber dem Arbeitgeber die Mitarbeit an der Entwicklung der Pille ab.

Die Bombastisch GmbH weist den Ricardo sodann förmlich zur Aufnahme der Pillenentwicklung unter Verweis auf seine arbeitsvertraglichen Pflichten an.

Kann der Ricardo die von ihm geforderte Arbeit verweigern?

3.17.2 Lösung

Fraglich ist, ob die Bombastisch GmbH (B) berechtigt ist, den Ricardo (R) anzuweisen, an der Entwicklung der Schwangerschaftsabbruch-Pille mitzuarbeiten.

Eine solche Berechtigung könnte sich aus dem arbeitsrechtlichen Weisungsrecht (Direktionsrecht) des Arbeitgebers nach § 106 GewO ergeben.

Danach hat der Arbeitgeber das Recht, Inhalt, Ort und Zeit der Arbeitsleistung nach billigem Ermessen näher zu bestimmen, soweit diese Arbeitsbedingungen nicht durch den Arbeitsvertrag, Bestimmungen einer Betriebsvereinbarung, eines anwendbaren Tarifvertrages oder gesetzliche Vorschriften festgelegt sind.

Zunächst ist also zu fragen, ob sich aus dem Arbeitsvertrag des R eine Konkretisierung seiner Leistungspflicht ergibt.

Im gegenständlichen Arbeitsvertrag ist die Tätigkeit des R als Laborant für die Entwicklung neuer Medikamente beschrieben. Die Weisung der B ist genau auf die Durchführung einer solchen Tätigkeit gerichtet, sodass sie mit der arbeitsvertraglichen Regelung vereinbar ist.

Die Ausübung des Direktionsrechts müsste jedoch auch dem billigen Ermessen entsprechen. Hieraus folgt, dass eine konkrete Anweisung unter Abwägung der Interessen des Arbeitnehmers einerseits und der betrieblichen Interessen andererseits erfolgen muss.

Vorliegend hat die B das betriebliche Interesse an der Erweiterung ihres Geschäftsfeldes. Dieses Interesse basiert auf einer unternehmerischen Entscheidung und ist als solches nachvollziehbar und weder willkürlich noch schikanös gegen den R gerichtet.

R stellt dem jedoch seine Gewissensfreiheit gegenüber, die eine grundgesetzliche Ausprägung in Art. 4 I GG erfährt. Die Gewissensfreiheit schützt Arbeitnehmer vor Konflikten zwischen ihren innersten religiösen oder weltanschaulichen Überzeugungen und der Ausübung konkreter Tätigkeiten im Arbeitsverhältnis. Hier hat R umfänglich dargelegt, dass aufgrund seiner religiösen Überzeugung jede Form von Abtreibung aus grundsätzlichen Erwägungen heraus abzulehnen sei. Folglich hat der R ein schützenswertes Interesse, sodass beide anerkennenswerten Interessen gegeneinander abzuwägen sind.

Maßgebend für die Abwägung sind insbesondere die Vorhersehbarkeit des möglichen Gewissenskonflikts bei Vertragsabschluss, die Erforderlichkeit für den Arbeitgeber, ausgerechnet den in Gewissensnot befindlichen Arbeitnehmer für die Aufgabe einzuteilen, und schließlich die Frage nach möglichen weiteren Gewissenskonflikten in der Zukunft.

Die B ist in der Branche seit Jahrzehnten dafür bekannt, dass sie Schmerzmittel herstellt. Vor Abschluss des Arbeitsvertrages hätte der R daher nicht damit rechnen können, dass er im Laufe des Arbeitsverhältnisses mit der Entwicklung einer Schwangerschaftsabbruch-Pille betraut wird.

Ferner beschäftigt die B noch 15 andere Laboranten, die vergleichbar qualifiziert sind und den R folglich bei der Erfüllung der hier in Rede stehenden Aufgabe ersetzen könnten.

Zudem soll die die Schwangerschaftsabbruch-Pille zusätzlich zu den Schmerzmittelprodukten entwickelt werden. Es ist deshalb davon auszugehen, dass die B in der Zukunft weiter Schmerzmittel entwickeln wird und aus diesem Grund weiterhin die Möglichkeit haben wird, den R in diesem Bereich einzusetzen, um den hier gegenständlichen Gewissenskonflikt zu vermeiden.

Da die B folglich durch den Einsatz anderer Entwickler die betrieblichen Interessen in der gleichen Weise verfolgen kann, überwiegt vorliegend das Interesse des R, nicht mit der Entwicklung der Schwangerschaftsabbruch-Pille betraut zu werden.

Die zu prüfende Weisung der B entspricht somit nicht billigem Ermessen.

Der R kann mithin die Arbeit an einer Schwangerschaftsabbruch-Pille verweigern.

▸ **Hinweise** Arbeitnehmer sind verpflichtet, die geschuldete Arbeitsleistung zu erbringen. Was konkret geschuldet wird, ergibt sich aus den arbeitsvertraglichen Vereinbarungen. Diese müssen sich ihrerseits an höherrangigem Recht messen lassen.

Im Rahmen des Vorgenannten haben Arbeitgeber das in der Lösung ausführlich beschriebene Direktionsrecht.

Der Bearbeiter musste dieses vorliegend als solches erkennen und den Maßstab des billigen Ermessens konkretisieren und anwenden.

▸ **Wesentliche Paragrafen** § 106 GewO, Art. 4 GG

3.18 Fall 34: Die rasende Hilde

3.18.1 Fallfrage

Lagerarbeiterin Hilde ist in einem Betrieb der Fieseteile GmbH tätig. Im benannten Betrieb stellt die Fieseteile GmbH mittels hochwertiger und technisch moderner Maschinen Autoteile für namhafte Automobilkonzerne her.

Eines Tages will Hilde fertigverpackte Kleinteile vom Fließband in das Lager transportieren. Dazu lädt sie die Pakete auf einen Gabelstapler und fährt – wie sonst auch – voll beladen los.

Aufgrund einer leichten Unachtsamkeit fährt sie im Rückwärtsgang eine der Produktionsmaschinen (Wert: 90.000 €) an. Es gibt einen lauten Aufprall, und die Maschine hört anschließend auf zu arbeiten. Später stellt ein Spezialist fest, dass die Maschine irreparabel beschädigt ist und ersetzt werden muss.

Die Fieseteile GmbH verlangt deshalb Schadensersatz i. H. v. 90.000 € von der Hilde. Hilde entgegnet, dass ihr der Unfall wirklich leidtue und sie nicht wisse, wie sie jemals so viel Geld auftreiben könne.

Kann die Fieseteile GmbH die 90.000 € Schadensersatz von der Hilde verlangen?

3.18.2 Lösung

Die Fieseteile GmbH (F) könnte einen Anspruch auf Schadensersatz i. H. v. 90.000 € nach den §§ 280 I, 241 II, 611 BGB gegen Hilde (H) haben.

Dazu müsste zunächst ein Schuldverhältnis nach § 241 BGB vorliegen. Dieses liegt in der Verpflichtung der H zur Erbringung der Arbeitsleistung nach § 611 BGB.

Die H müsste eine Pflicht aus diesem Schuldverhältnis verletzt haben. In Betracht kommt eine Nebenpflichtverletzung nach § 241 II BGB.

Nach § 241 II BGB hat jede Vertragspartei bei der Erfüllung eines Schuldverhältnisses die Nebenpflicht, die Rechtsgüter der jeweils anderen Partei nicht zu schädigen. Hier fuhr die H mit einem Gabelstapler in eine Produktionsmaschine der F, wodurch diese irreparabel beschädigt wurde. Folglich hat die H eine Pflicht aus dem Schuldverhältnis verletzt.

Die H müsste die Pflichtverletzung zudem gemäß § 280 I S. 2 BGB zu vertreten haben. Das Vertretenmüssen richtet sich nach § 276 I S.1. Demzufolge muss der Schuldner Vorsatz und Fahrlässigkeit vertreten. Hier könnte Fahrlässigkeit vorliegen. Fahrlässigkeit ist nach § 276 II BGB das Außer-Acht-Lassen der im Verkehr erforderlichen Sorgfalt.

Die H hat den Unfall durch eine leichte Unaufmerksamkeit verursacht. Folglich hat die H nicht so sorgfältig gehandelt, wie es in der konkreten Situation zu erwarten war. Es liegt mithin ein Fall einer leichten Fahrlässigkeit vor.

Schließlich müsste die F auch durch die Handlung der H einen Schaden erlitten haben. Ein Schaden ist eine unfreiwillige Vermögenseinbuße. Hierfür ist das Vermögen der F zu betrachten, wenn der Unfall nicht passiert wäre.

Wäre die H nicht mit dem Gabelstapler gegen die Produktionsmaschine gefahren, wäre diese nicht beschädigt worden, sodass die Vermögenseinbuße von 90.000 € nicht eingetreten wäre. Die F hat somit einen entsprechenden Schaden durch die Handlung der H erlitten.

Damit könnte die F einen Schadensersatzanspruch in der genannten Höhe gegen die H haben.

Allerdings könnte in diesem Fall eine Haftungsbegrenzung zugunsten der H greifen, da das Ergebnis grob unbillig erscheint. Die arbeitsgerichtliche Rechtsprechung hat für Fälle der Arbeitnehmerhaftung in analoger Anwendung des § 254 BGB einen sog. „innerbetrieblichen Schadensausgleich" entwickelt. Diese Rechtsfigur folgt aus der Überlegung, dass Arbeitnehmer bestimmungsgemäß mit sehr werthaltigen Gegenständen des Arbeitgebers in Berührung kommen, deren Verletzung ihr persönliches Leistungsvermögen ganz erheblich übersteigen kann.

Der innerbetriebliche Schadensausgleich kommt zur Anwendung, wenn das schädigende Ereignis beim Ausüben einer betrieblich veranlassten Tätigkeit geschehen ist. Dies ist hier der Fall, da die H die Beschädigung der Maschine gerade während der Erbringung ihrer Arbeitsleistung verursacht hat.

Fraglich ist deshalb, welche Haftungsbeschränkungen aus dem innerbetrieblichen Schadensausgleich folgen. Insoweit wird auf den Grad des Verschuldens abgestellt. Bei Vorsatz und grober Fahrlässigkeit haftet der Arbeitnehmer im vollen Umfang; bei mittlerer Fahrlässigkeit erfolgt regelmäßig eine auf den Einzelfall zugeschnittene Schadensteilung zwischen

Arbeitgeber und Arbeitnehmer, und bei lediglich leichter Fahrlässigkeit entfällt die Haftung des Arbeitnehmers vollständig.

Wie bereits ausgeführt, beging die H die Pflichtverletzung infolge eines kurzen Momentes der Unachtsamkeit sodass von einer leichten Fahrlässigkeit seitens der H auszugehen ist. Folglich entfällt eine Haftung der H.

Die F hat keinen Schadensersatzanspruch gegen die H auf Zahlung der 90.000 €.

▶ **Hinweise** Die korrekte Lösung dieses Falles verlangt vom Bearbeiter, sowohl die Grundzüge des schuldrechtlichen Schadensersatzrechts dazulegen als auch die arbeitsrechtlichen Besonderheiten des innerbetrieblichen Schadensausgleichs zu kennen.

Dem Bearbeiter muss sich geradezu aufdrängen, dass eine Lösung ohne Berücksichtigung der Besonderheiten des Arbeitsverhältnisses zu grob unbilligen Ergebnissen führt. Er hätte daher auch ohne vertiefte Kenntnis der Arbeitnehmerhaftung eine entsprechende Argumentation zu entwickeln.

▶ **Wesentliche Paragrafen** §§ 241, 280, 254, 276, 611 BGB

3.19 Fall 35: Krank oder schwanger

3.19.1 Fallfrage

Irene arbeitet seit dem 01. Februar glücklich und zufrieden als Arbeiterin in der Produktion bei der BABY GmbH. Diese stellt Kinderspielzeug her.

Am 03. Juni desselben Jahres wird Irene schwanger. Zunächst kann sie problemlos weiter arbeiten. Im Laufe der Schwangerschaft ergeben sich allerdings mehr und mehr Komplikationen. Die Arbeit wird für sie generell zu anstrengend. Irene ist durch die körperliche Gesamtbelastung deutlich überfordert, was sich inzwischen auch psychisch äußert.

Am 01. August legt sie der Personalabteilung der BABY GmbH ein Attest ihres behandelnden Arztes vor. Dieses belegt, dass Irene unter psychischen Beschwerden leidet, die durch die Angst vor einem unglücklichen Schwangerschaftsverlauf bei einer derart belastenden Arbeit hervorgerufen wurde. Bei einer Fortsetzung dieser Arbeit besteht die ernsthafte Gefahr der Verschlechterung der Gesundheit Irenes und des ungeborenen Kindes. Im Ergebnis soll Irene nach den ärztlichen Ausführungen daher ab dem 01. August bis mindestens zur Entbindung ihre Arbeitsleistung nicht mehr erbringen.

Die BABY GmbH folgt den Ausführungen des Arztes und verzichtet entsprechend auf die Arbeit der Irene. Im Gespräch mit Irene weist der Personalchef jedoch darauf hin, dass Irene sich nach dem Ablauf des Entgeltfortzahlungszeitraumes von sechs Wochen an ihre Krankenkasse wenden müsse, um Krankengeld als Lohnersatzleistung zu erhalten.

Irene weiß aufgrund einer früheren langjährigen Krankheit, dass das Krankengeld deutlich niedriger als ihr Nettolohn ist. Sie kann unter keinen Umständen auf ihren vollen Lohn verzichten und fragt sich deshalb, ob sie nicht doch für den Zeitraum ihrer Arbeitsunfähigkeit einen Anspruch auf volles Gehalt gegen die BABY GmbH hat.

Wie ist die Rechtslage?

3.19.2 Lösung

Zunächst könnte Irene (I) einen Anspruch auf Entgeltfortzahlung gem. § 3 I S. 1 EFZG gegen die BABY GmbH (B) haben. Voraussetzung für einen Anspruch aus § 3 I S. 1 EGFZ ist, dass ein Arbeitnehmer, dessen Arbeitsverhältnis mit dem Arbeitgeber schon länger als vier Wochen andauert, aufgrund einer nicht durch ihn verschuldeten Krankheit arbeitsunfähig ist.

Hier besteht seit dem 01. Februar ein Arbeitsverhältnis zwischen den Parteien. Ab dem 01. August desselben Jahres ist die I arbeitsunfähig erkrankt, sodass die Wartefrist bereits abgelaufen ist. Ein Verschulden der I an ihrer Krankheit ist nicht ersichtlich.

Die I hat folglich einen Anspruch auf Entgeltfortzahlung im Krankheitsfall. Dieser ist jedoch auf die Dauer von sechs Wochen begrenzt.

Die I könnte jedoch auch einen nicht auf die Dauer von sechs Wochen begrenzten Anspruch nach § 18 MuSchG auf Fortzahlung ihres Entgeltes gegen die B haben. Dazu müsste die I in den Anwendungsbereich des Mutterschutzgesetzes fallen und zudem ein Beschäftigungsverbot bestehen.

Gem. § 1 Nr. 1 MuSchG gilt das Mutterschutzgesetz für Frauen, die in einem Arbeitsverhältnis stehen, sodass der Anwendungsbereich vorliegend eröffnet ist.

Ferner müsste für die I ein Beschäftigungsverbot gelten. Ein Beschäftigungsverbot ist nach § 3 I MuSchG gegeben, wenn nach ärztlichem Zeugnis das Leben oder die Gesundheit der Mutter oder des Kindes bei Fortführung der Beschäftigung gefährdet ist. Vorliegend hat der behandelnde Arzt attestiert, dass eine Fortführung der Arbeit im Betrieb der B eine solche Gesundheitsgefährdung für die I und ihr Kind darstellen würde. Folglich ist ein Beschäftigungsverbot nach § 3 I MuSchG gegeben.

Mithin hat die I einen Anspruch auf Entgeltfortzahlung gem. § 18 MuSchG.

Fraglich ist daher, welcher Anspruch in diesem Fall vorrangig ist. Fallen Krankheit und Beschäftigungsverbot zusammen, wird grundsätzlich kein Mutterschutzlohn geschuldet. Eine Ausnahme gilt nur dann, wenn das Beschäftigungsverbot die nicht wegzudenkende Ursache für das Nichtleisten der Arbeit ist.

Daher ist streng zwischen Krankheit und Beschäftigungsverbot abzugrenzen. Beruhen die Beschwerden auf der Schwangerschaft, so kommt es darauf an, ob es sich um einen krankhaften Zustand handelt, der zur Arbeitsunfähigkeit der Schwangeren führt. Ist dies der Fall, so liegt kein Beschäftigungsverbot vor, sondern eine krankheitsbedingte Arbeitsunfähigkeit. Haben die Schwangerschaftsbeschwerden dagegen keinen Krankheitswert an sich oder führen sie nicht direkt zur Arbeitsunfähigkeit, so liegt ein Beschäftigungsverbot nach § 3 Abs. 1 MuSchG vor.

Es ist daher konkret zu fragen, ob die Ursache der Arbeitsunfähigkeit ausschließlich in der Schwangerschaft als solcher liegt. Das Attest für die I besagt vorliegend, dass die I aufgrund psychischer Beschwerden arbeitsunfähig ist. Diese werden dadurch hervorgerufen, dass sie Angst um ihr ungeborenes Kind aufgrund einer allgemeinen Überforderungssituation hat, die durch eine Fortsetzung der körperlich anstrengenden Tätigkeit zu einer Gefährdung der I und des ungeborenen Kindes führt. Wäre sie nicht schwanger, würde die Arbeit sie nicht psychisch derart mitnehmen. Folglich erwachsen die krankhaften Ängste als Ursache der Arbeitsunfähigkeit aus der Schwangerschaft als solcher.

Entsprechend liegt hier ein Beschäftigungsverbot vor, welches der Krankheit im konkreten Fall vorgeht.

Ein Anspruch der I auf Fortzahlung des Arbeitsentgeltes für die Dauer des gesetzlichen Beschäftigungsverbotes nach § 18 MuSchG gegen die B ist somit zu bejahen.

▸ **Hinweise** Die Abgrenzung von Ansprüchen aus dem EFZG und dem MuSchG bereitet in der Praxis erhebliche Schwierigkeiten, da der behandelnde Arzt die Ursache der Arbeitsunfähigkeit konkret bestimmen muss.

In der Fallbearbeitung muss zunächst erkannt werden, dass Krankheit und Beschäftigungsverbot zusammenfallen und damit zu unterschiedlichen Ansprüchen führen können. Diese Anspruchskonkurrenz ist dann unter Berücksichtigung der jeweiligen Gesetzeszwecke aufzulösen.

▸ **Wesentliche Paragrafen** § 3 EFZG, §§ 3, 18 MuSchG

3.20 Fall 36: Sexy Siegfried

3.20.1 Fallfrage

Siegfried ist ständig auf der Suche nach neuen Bekanntschaften. Auch auf der Arbeit ist er schon geradezu bekannt dafür, insbesondere junge Kolleginnen auch einmal etwas zu freundlich anzusprechen. Auch wenn die Grenzen des guten Geschmacks nicht immer eingehalten werden, so hat Siegfried bisher doch noch nie eine Kollegin belästigt.

Das sollte sich jedoch schlagartig ändern, als Yvonne neu eingestellt wird. Obwohl Yvonne dem Siegfried unmissverständlich zu verstehen gegeben hat, dass sie keinerlei amouröses Interesse hat, lässt Siegfried nicht locker. Er geht so weit, dass er sich hinter Yvonne stellt und ihr mit beiden Händen kräftig an den Busen fasst. Diese ist empört und meldet sich noch an demselben Tag beim Betriebsrat und dem Personalchef. Der Personalchef bittet den Siegfried am Folgetag zum Gespräch.

Siegfried räumt zwar ein, dass er die Yvonne nicht hätte anfassen dürfen. Diese habe sich aber sehr aufreizend angezogen, weshalb er in dem Moment davon ausgegangen war, wenigstens einmal anfassen zu können. Der Personalchef mahnt den Siegfried daher am Ende des Gesprächs schriftlich für dessen Fehlverhalten ab und lässt der Yvonne eine entsprechende Mitteilung zukommen.

Yvonne ist empört. Sie verlangt die Kündigung des Siegfried, da sie mit diesem nicht einen Tag länger weiterarbeiten könne. Der Personalchef überdenkt seine Reaktion daraufhin und kommt zu dem Schluss, doch zu milde gewesen zu sein.

Nach ordnungsgemäßer Anhörung des Betriebsrats spricht er nunmehr acht Tage nach dem Vorfall die fristlose Kündigung schriftlich aus.

3.20.2 Lösung

Fraglich ist, ob der Arbeitgeber ein Recht zur fristlosen Kündigung hatte. Dies wäre der Fall, wenn das Verhalten des Siegfried (S) einen wichtigen Grund nach § 626 I BGB darstellt, der unter Berücksichtigung der Umstände des Einzelfalls und der wechselseitigen Interessen dazu führt, dass die Fortsetzung des Arbeitsverhältnisses bis zum Ende der Kündigungsfrist für den Arbeitgeber unzumutbar ist.

Zunächst müsste daher ein wichtiger Grund vorliegen. Ein wichtiger Grund ist gegeben, wenn Tatsachen vorliegen, die für sich betrachtet abstrakt geeignet sind, zur Unzumutbarkeit der Fortsetzung des Arbeitsverhältnisses zu führen. Vorliegend hat der S der Yvonne (Y) mit beiden Händen kräftig an den Busen gefasst. Darin liegt ein ganz schwerwiegender Eingriff in die körperliche Integrität der Y, die zudem in erheblichem Maße ehrverletzend und herabsetzend ist. Ein solches Verhalten stellt mithin einen wichtigen Grund dar. Auch ist nicht ersichtlich, dass sich aus den Umständen des Einzelfalls etwas anderes ergeben könnte. Weder hatten S und Y eine Beziehung noch hat die Y in irgendeiner Form ein derartiges Verhalten des S gewünscht oder auch nur Anzeichen für eine solche Interpretation gesetzt. Selbst wenn sie sich aufreizend angezogen haben sollte, würde daraus keine andere Wertung folgen können.

Fraglich ist jedoch weiter, ob nach einer Interessenabwägung die Unzumutbarkeit der Fortsetzung des Arbeitsverhältnisses festgestellt werden kann. Hier ist insbesondere zu prüfen, ob dem Arbeitgeber ein milderes Mittel zur Verfügung gestanden hätte, nach dessen Nutzung die Möglichkeit der Wiederherstellung eines eingetretenen Vertrauensverlustes bestehen könnte. In Betracht käme insoweit eine Abmahnung. Dies ist vorliegend nicht der Fall, da das Verhalten des S derart schwerwiegend in die persönliche und körperliche Integrität der Y eingegriffen hat, dass eine Abmahnung nicht ausreichend ist, um die Fortsetzung des Arbeitsverhältnisses zu ermöglichen. Daran ändert auch die Einmaligkeit des Vorgangs nichts, da die Schwere des Fehlverhaltens zu einer irreparablen Schädigung des Vertrauens führt.

Im Ergebnis war der Arbeitgeber daher nach § 626 I BGB berechtigt, eine fristlose Kündigung auszusprechen.

Auch wurden die Schriftform nach § 623 BGB und die Frist von zwei Wochen nach § 626 II BGB eingehalten und dem S vor Ausspruch der Kündigung die Möglichkeit zur Stellungnahme zu seinem Verhalten gegeben. Zudem ist der Betriebsrat nach § 102 I BetrVG ordnungsgemäß angehört worden.

Fraglich ist aber, ob sich die vor der fristlosen Kündigung ausgesprochene Abmahnung auf die Wirksamkeit der Kündigung auswirkt. Aus Sicht des Arbeitnehmers S verhält sich der Arbeitgeber widersprüchlich, wenn er zunächst nur eine Abmahnung und sodann wegen des abgemahnten Verhaltens eine Kündigung ausspricht. Damit wird der Sinn und Zweck einer Abmahnung vereitelt. Dieser besteht nach § 314 II BGB darin, den Arbeitnehmer zu zukünftig vertragsgemäßem Verhalten anzuhalten. Dies ist jedoch nicht möglich, wenn wegen desselben Vorfalls sodann gekündigt wird. Deshalb wird ein Kündigungsgrund durch den Ausspruch einer Abmahnung verbraucht. Wird ein Verhalten mit einer Abmahnung belegt, ist der Arbeitgeber für eine Kündigung aufgrund desselben Vorfalls gesperrt.

Folglich ist die fristlose Kündigung nicht zu Recht ausgesprochen worden.

▶ **Hinweise** Der Fall ist hinsichtlich des Vorliegens eines zur fristlosen Kündigung berechtigenden wichtigen Grundes einfach gelagert. Der Bearbeiter sollte hierzu den § 626 I BGB ordnungsgemäß, aber in der gebotenen Kürze durchprüfen. Die Formalien zur Wirksamkeit der Kündigung sollten nur knapp erwähnt werden.

Die Schwierigkeit besteht darin, den Verbrauch des Kündigungsgrundes zu erkennen. Hierzu muss der Bearbeiter die Widersprüchlichkeit des Vorgehens des Arbeitgebers erkennen und mit dem Sinn und Zweck der Abmahnung argumentieren.

▶ **Wesentliche Paragrafen** §§ 314, 623, 626 BGB; § 102 BetrVG

3.21 Fall 37: Der konfirmierte Leon

3.21.1 Fallfrage

Lisa ist bei dem Gastwirt Walter als Kellnerin angestellt. An einem Wochenende soll die Konfirmation ihres Sohnes Leon stattfinden. Unglücklicherweise muss Lisa auch samstags arbeiten. Lisa möchte nun den Samstag der Konfirmation freinehmen. Aufgrund dessen kommt es zu einem Streit zwischen ihr und Walter. Dieser stellt sie zwar für einen Tag von der Arbeit frei, er kündigt jedoch an, dass eine Bezahlung für den Tag nicht erfolgen werde. Dies kann Lisa nicht nachvollziehen.

Marlene, die ebenfalls als Kellnerin bei Walter eingestellt ist, bekommt das Streitgespräch mit. Sie erzählt Lisa anschließend, dass sie erst kürzlich einen Tag freinehmen durfte, um die Kommunion ihrer Tochter wahrnehmen zu können. Den Lohn für diesen Tag habe sie erhalten. Dies sei im Betrieb auch gängige Praxis bei Kommunionen.

Anlass dafür soll der in allen mit Walter geschlossenen Arbeitsverträgen gleich lautende § 7 gewesen sein. Dieser beinhaltet die folgende Regelung:

> „Der Arbeitnehmer hat Anspruch auf Freistellung von der Arbeit für einen Tag bei einem wichtigen Ereignis der Kinder (z. B. Kommunion)."

Daraufhin überprüft Lisa ihren Arbeitsvertrag und findet tatsächlich einen identischen Passus. Sie fragt sich deshalb, ob sie sich nicht ebenfalls auf § 7 ihres Arbeitsvertrages berufen könne, um den ausgefallen Arbeitstag vergütet zu bekommen. Schließlich sieht sie nicht ein, weshalb sie benachteiligt werden soll, nur weil ihrem Sohn eine Konfirmation bevorsteht und keine Kommunion.

Hat Lisa einen Anspruch auf bezahlte Freistellung für den Tag der Konfirmation ihres Kindes?

3.21.2 Lösung

Fraglich ist, ob Lisa (L) einen Vergütungsanspruch gegen Walter (W) für den wegen der Teilnahme an der Konfirmation ihres Sohnes ausgefallenen Arbeitstag hat.

Dieser könnte sich aus § 7 des Arbeitsvertrages ergeben. Nach dem Wortlaut des § 7 hat die L einen Anspruch auf Freistellung für einen Tag bei einem wichtigen Ereignis der Kinder. Exemplarisch wird die Kommunion genannt. Vorliegend beansprucht die L eine Freistellung für die Konfirmation, also ein der Kommunion vergleichbares Ereignis. Folglich besteht ein Anspruch auf Freistellung.

Die arbeitsvertragliche Regelung sagt jedoch nichts darüber aus, dass die Freistellung unter Fortzahlung der Vergütung erfolgt. Da es an einer dahingehenden Regelung mangelt, bleibt es bei der gesetzlichen Regelung des § 611 BGB, wonach der Vergütungsanspruch von der Erbringung der Arbeitsleistung abhängt.

Mithin hat L gegen W aus § 7 des Arbeitsvertrages nur einen Anspruch auf unbezahlte Freistellung für den gegenständlichen Samstag.

Fraglich ist jedoch, ob sich ein Anspruch auf bezahlte Freistellung aus dem arbeitsrechtlichen Gleichbehandlungsgrundsatz i. V. m. § 7 des Arbeitsvertrages ergibt.

Der arbeitsrechtliche Gleichbehandlungsgrundsatz wird aus dem Grundgedanken des Art. 3 I GG abgeleitet. Er gebietet dem Arbeitgeber, Arbeitnehmer in einer vergleichbaren Lage bei Anwendung einer selbst geschaffenen Regelung gleich zu behandeln. Er verbietet die willkürliche Schlechterstellung einzelner Arbeitnehmer innerhalb einer Gruppe.

Folglich ist zu prüfen, ob der W vorliegend Arbeitnehmer in einer vergleichbaren Lage bei Anwendung einer selbst geschaffenen Regelung ungleich behandelt hat. Zunächst müsste der W eine gruppenbezogene, allgemeingültige Regel aufgestellt haben. Vorliegend wurde der § 7 in sämtliche Arbeitsverträge aufgenommen. Darüber hinaus wurde er bei Kommunionen stets so angewendet, dass über den Wortlaut der Regelung hinaus eine bezahlte Freistellung für Kommunionen gewährt wurde. Der W hat somit eine entsprechende allgemeine Regel aufgestellt.

Diese Arbeitnehmergruppenbildung müsste sodann zu einem Ausschluss anderer Arbeitnehmer geführt haben. Dies ist vorliegend der Fall, da jedenfalls die L mit ihrem evangelischen Kind nicht einbezogen wird.

Schließlich müsste eine Ungleichbehandlung von Arbeitnehmern in einer vergleichbaren Lage vorliegen. Dies ist im Sinne des arbeitsrechtlichen Gleichbehandlungsgrundsatzes dann der Fall, wenn trotz Vergleichbarkeit von begünstigten und nicht begünstigten Arbeitnehmern kein sachlicher Grund für die Ungleichbehandlung besteht.

Vorliegend unterscheidet der W zwischen Kommunion und Konfirmation. Beide Feierlichkeiten sind jedoch funktional vergleichbar und stellen in der katholischen bzw. evangelischen Kirche jeweils den Übergang zu einer bestimmten Kirchenreife dar. Beide sind darauf gerichtet, den Übertritt junger Menschen ins kirchliche Erwachsenenalter zu feiern.

Folglich liegt eine Ungleichbehandlung zwischen evangelischen und katholischen Arbeitnehmern vor, für die kein sachlicher Grund ersichtlich ist.

Die L hat somit aufgrund des arbeitsrechtlichen Gleichbehandlungsgrundsatzes i. V. m. § 7 des Arbeitsvertrages Anspruch auf bezahlte Freistellung für den Tag der Konfirmation ihres Kindes gegen den W.

▶ **Hinweise** Für die Bearbeitung dieses Falles musste der Bearbeiter zunächst erkennen, dass sich der begehrte Anspruch nicht aus dem geschlossenen Arbeitsvertrag ergibt.

Da sich aus dem Sachverhalt jedoch eine Ungerechtigkeit gegenüber der L geradezu aufdrängt, liegt eine Anwendung des arbeitsrechtlichen Gleichbehandlungsgrundsatzes nahe. Auch ohne dessen genaue Kenntnis muss der Bearbeiter zumindest eine entsprechende Argumentation herleiten.

▶ **Wesentliche Paragrafen** § 611 BGB, Art. 3 GG

3.22 Fall 38: Pizzalieferung

3.22.1 Fallfrage

Klaus ist Inhaber einer kleinen Pizzeria in ländlicher Umgebung. Sämtliche Gerichte werden seit Kurzem auch außer Haus in einen Umkreis von fünf Kilometern geliefert. Dafür hat sich Klaus einen gebrauchten Pkw als Lieferfahrzeug angeschafft. Darüber hinaus beschäftigt er nun zusätzlich Michael, der die Lieferfahrten durchführt.

Das Konzept geht auch eine ganze Weile lang auf. Nach einigen Monaten gibt der Lieferwagen wegen eines altersbedingten Motorschadens jedoch plötzlich seinen Geist auf. Aufgrund dessen ruft Klaus den Michael an und teilt ihm mit, dass er bis auf Weiteres nicht zur Arbeit zu erscheinen brauche. Mangels Lieferfahrzeug falle der Außer-Haus-Verkauf für unbestimmte Zeit aus. Andere Aufgaben im Restaurant wären für Michael nicht vorhanden.

Zwei Wochen später kann Klaus ein Ersatzfahrzeug erwerben. Michael nimmt sodann seine Arbeit wieder auf.

Klaus bietet dem Michael an, die verlorene Arbeitszeit nachzuleisten. Michael lehnt dieses Angebot ab. Er behauptet, dass der Arbeitsausfall nicht seine Schuld gewesen sei.

Aus diesem Grunde verlangt Michael die Zahlung der Vergütung für den Zeitraum, in dem er nicht gearbeitet hat.

Hat Michael einen Anspruch auf Zahlung der Vergütung gegen Klaus?

3.22.2 Lösung

Michael (M) könnte gem. § 615 S. 3 i. V. m. S. 1 BGB einen Anspruch auf die vereinbarte Vergütung für die zwei Wochen Arbeitsausfall gegen Klaus (K) haben.

Ein dafür erforderliches Arbeitsverhältnis nach § 611 BGB lag zwischen den Parteien unproblematisch vor.

Darüber hinaus müsste der K als Arbeitgeber das Risiko des Arbeitsausfalls tragen.

Dies ist nach den Grundsätzen der Betriebsrisikolehre dann der Fall, wenn der K den M wegen einer betriebstechnischen Störung aufgrund äußerer Umstände nicht beschäftigen kann. Der Arbeitgeber muss dafür einstehen, dass der Betrieb in Funktion bleibt und sämtliche Arbeitsmittel zur Verfügung stehen, die dem Arbeitnehmer die Arbeit ermöglichen.

Betriebstechnische Störungen sind danach etwa Beeinträchtigungen durch Zusammenbruch der Energieversorgung, der Defekt einer Maschine oder die Einstellung des Betriebs aufgrund fehlender Genehmigungen oder aufgrund behördlicher Verbote.

Fraglich ist, ob vorliegend ein vergleichbarer Grund für den Arbeitsausfall gegeben ist. Hier ist der Lieferwagen des Arbeitgebers für einen Zeitraum von zwei Wochen aufgrund eines Motordefekts ausgefallen. Aufgrund dieses Ausfalls des Betriebsmittels des K konnte der M nicht beschäftigt werden.

Durch diesen Betriebsmittelausfall hat sich folglich das Betriebsrisiko des K realisiert.

Mithin hat der M einen Anspruch auf Zahlung der vereinbarten Vergütung für die zwei Wochen Arbeitsausfall gem. § 615 S. 3 i. V. m. S. 1 BGB gegen seinen Arbeitgeber K.

▶ **Hinweise** Der Arbeitgeber trägt das unternehmerische Risiko. Es ist an ihm, für hinreichend Erträge zu sorgen. Genauso liegt es in seiner Verantwortung, die betrieblichen Aufwendungen im Blick zu behalten. Der Arbeitnehmer trägt die damit verbundenen Risiken gerade nicht, sondern hat seine vertraglich geschuldete Leistung zu erbringen.

Aus diesen grundsätzlichen Erwägungen folgt die Betriebsrisikolehre, die § 615 BGB konkretisiert. Der Bearbeiter muss diese Risikoverteilung erkennen und eine entsprechende Lösung herleiten. Dies dürfte auch ohne genaue Kenntnis der Betriebsrisikolehre möglich sein.

▶ **Wesentliche Paragrafen** §§ 611, 615 BGB

3.23 Fall 39: Marmeladen-Paula

3.23.1 Fallfrage

Paula sucht einen Ausbildungsplatz. Sie bewirbt sich im Frühjahr bei der Maxi-Marmeladen GmbH. Der Geschäftsführer der Maxi-Marmeladen GmbH ist begeistert von Paula und stellt ihr einen Ausbildungsplatz zum 1. September des Jahres in Aussicht. Bis dahin soll sie zunächst ein Praktikum im Betrieb absolvieren.

Paula findet die Idee sehr gut, sodass sie mit der Maxi-Marmeladen GmbH einen Praktikantenvertrag über vier Monate bis zum 31. August des Jahres schließt. Da Paula den guten ersten Eindruck in der Folge bestätigt, schließen die Parteien sodann auch einen schriftlichen Ausbildungsvertrag. In diesem wird eine Probezeit von vier Monaten vereinbart.

Am 31. Dezember des Jahres erreicht Paula sodann überraschend die schriftliche Kündigung, die ohne Einhaltung einer Frist und ohne Begründung ausgesprochen wird.

Paula ist sehr enttäuscht und will gegen die Kündigung vorgehen. Sie fragt Sie, was zu tun ist und ob die Kündigung rechtswirksam ausgesprochen wurde. Insbesondere hat sie Zweifel daran, dass die Probezeit wirksam vereinbart wurde, da der Arbeitgeber sie schließlich bereits vier Monate lang als Praktikantin kennengelernt habe.

Was werden Sie Paula raten?

3.23.2 Lösung

Paula (P) könnte die Kündigung der Maxi-Marmeladen GmbH (M) durch Erhebung einer Kündigungsschutzklage angreifen. Dafür müsste sie innerhalb von drei Wochen nach Zugang der schriftlichen Kündigung gemäß § 4 KSchG Klage beim Arbeitsgericht erheben. Da Paula am 31. Dezember die Kündigung erhalten hat, würde die Frist am 21. Januar des Folgejahres ablaufen.

Fraglich ist aber, ob die Kündigungsschutzklage auch Aussicht auf Erfolg hätte.

Dies wäre der Fall, wenn die Kündigung formell oder materiell unwirksam ist. Da die Schriftform nach den §§ 623, 126 BGB eingehalten wurde, bestehen keine formellen Bedenken.

Die Kündigung wurde jedoch ohne Vorliegen eines Grundes und ohne Einhalten einer Frist ausgesprochen. Dies wäre nach § 22 I BBiG nur zulässig, wenn sich P bei Zugang der Kündigung noch innerhalb der Probezeit befunden hätte. Vorliegend haben die Vertragsparteien eine Probezeit vom 01. September des Jahres für die Zeit von vier Monaten vereinbart. Der 31. Dezember des Jahres fällt daher noch in die Probezeit.

Fraglich ist aber, ob die Probezeit auch wirksam vereinbart wurde.

Dies beurteilt sich nach § 20 BBiG. Danach muss eine Probezeit von einem Monat bis zu vier Monaten vereinbart werden. Dies ist hier der Fall. Allerdings wendet P ein, dass vorliegend bereits ein Praktikum der Ausbildung vorgeschaltet war, welches eine Probezeit entbehrlich machen würde.

Hieraus könnte die Unwirksamkeit der Probezeit folgen. Dafür könnte sprechen, dass der Arbeitgeber sich bereits im Rahmen des Praktikums ein umfangreiches Bild von P machen konnte und daher der Zweck einer Probezeit bereits erreicht worden sein könnte. Dagegen spricht jedoch der eindeutige Wortlaut des § 20 BBiG. Danach muss eine Probezeit vereinbart werden. Diese Formulierung bezieht sich auf das Ausbildungsverhältnis. Die Möglichkeit einer Anrechnung auf vorausgegangene Beschäftigungszeiten oder Praktika wird gerade nicht eröffnet. Eine Auslegung des Gesetzes wie von P angedacht ist deshalb mit dem Gesetz unvereinbar.

Folglich wurde die Probezeit ordnungsgemäß vereinbart, sodass auch die Kündigung wirksam erfolgen konnte.

Im Ergebnis ist P daher in Ermangelung von Erfolgsaussichten nicht zu raten, eine Kündigungsschutzklage zu erheben.

▸ **Hinweise** Der Bearbeiter muss die besonderen Regelungen des BBiG kennen und anwenden. Auch muss der zwingende Gesetzescharakter des § 20 BBiG gesehen werden. Die weitere Lösung des Falles sowie deren Aufbau dürften keine weiteren Schwierigkeiten bereiten.

▸ **Wesentliche Paragrafen** §§ 20, 22 BBiG, §§ 126, 623 BGB, § 4 KSchG

3.24 Fall 40: Befristung für Bodo

3.24.1 Fallfrage

Der 30-jährige Bodo ist beim nicht tarifgebundenen Unternehmer Dieter befristet auf ein Jahr angestellt.

Dieter ist sehr zufrieden mit der Arbeitsleistung des Bodo. Er bietet Bodo deshalb an, den in Kürze auslaufenden Vertrag um zwei Jahre zu verlängern.

Bodo ist begeistert und willigt ein, sodass der Vertrag am 01. Februar 2016 formgerecht um zwei Jahre verlängert wird. Die Möglichkeit einer ordentlichen Kündigung ist im Vertrag nicht gesondert vorgesehen. Insoweit geht Dieter davon aus, dass diese ohnehin im Gesetz stehe.

Nach Ablauf eines Jahres verschlechtert sich jedoch die Situation im Unternehmen erkennbar. Dieter hat für Bodo keine Arbeit mehr. Obwohl Bodo immer gut gearbeitet hat, muss Dieter diesen aus betriebswirtschaftlicher Sicht dringend kündigen, da einfach keine Verwendung mehr für Bodo vorhanden ist. Dieter teilt Bodo seine Kündigungsabsicht mit.

Bodo ist daraufhin zutiefst verunsichert. Er stellt Ihnen daher die folgenden beiden Fragen.

Ist der Vertrag wirksam befristet worden? Kann Dieter den Bodo ordentlich kündigen?

3.24.2 Lösung

Fraglich ist, ob der Arbeitsvertrag zwischen Bodo (B) und Dieter (D) wirksam befristet wurde. Dies wäre der Fall, wenn nach den §§ 1, 14 TzBfG eine Befristung des Arbeitsvertrages zulässig wäre.

Gemäß § 14 IV TzBfG müsste die Befristung des Arbeitsvertrages schriftlich nach § 126 BGB erfolgt sein. Hier wurde bei Vertragsschluss die Schriftform gewahrt.

Da kein sachlicher Grund für die Befristung nach § 14 I TzBfG ersichtlich ist, müsste die Befristung vorliegend ohne sachlichen Grund zulässig sein.

Nach § 14 II S. 1 TzBfG ist eine kalendermäßige Befristung einschließlich einer höchstens dreimaligen Verlängerung bis zu einer Gesamtdauer von zwei Jahren ohne sachlichen Grund zulässig.

Kalendermäßig bedeutet, dass die Befristung für eine konkrete festgelegte Zeit wirken soll. Vorliegend haben die Parteien zum Ablauf des ersten Jahres eine weitere Befristung von zwei Jahren vereinbart. Folglich ist der Arbeitsvertrag kalendermäßig auf insgesamt drei Jahre befristet. Mit der zweiten Befristung um weitere zwei Jahre ab dem 01. Februar 2016 wird somit die zulässige Gesamtdauer von zwei Jahren überschritten. Infolgedessen ist die Befristung nicht nach § 14 II S. 1 TzBfG ohne sachlichen Grund zulässig.

Mithin ist die Befristung des Arbeitsverhältnisses zwischen B und D unwirksam.

Mit der zweiten Frage möchte B wissen, ob sein Arbeitsvertrag ordentlich kündbar ist.

Hierzu ist zunächst festzustellen, dass nach § 15 III TzBfG ein befristetes Arbeitsverhältnis nur dann der ordentlichen Kündigung unterliegt, wenn dies im Arbeits- oder Tarifvertrag ausdrücklich geregelt ist. Beides ist hier nicht der Fall.

Danach wäre eine ordentliche Kündigung vorliegend nicht möglich. Indes wurde durch die zur Beantwortung der ersten Frage vorgenommene Prüfung festgestellt, dass die Befristung unwirksam ist. Aus § 16 S. 1 HS. 1 TzBfG ergibt sich, dass Arbeitsverträge mit rechtsunwirksamen Befristungen als auf unbestimmte Zeit geschlossen gelten.

Folglich könnte argumentiert werden, dass in Ermangelung des Vorliegens eines befristeten Arbeitsvertrages die Regelung des § 15 III TzBfG auch nicht greifen könnte.

Dem steht jedoch § 16 S. 2 TzBfG entgegen, wonach eine Kündigung des Vertrages nur ausnahmsweise dann vor dem vereinbarten Ende möglich ist, wenn ein Verstoß gegen das Schriftformerfordernis vorliegt. Im Umkehrschluss bedeutet dies, dass ein anderer zur Unwirksamkeit der Befristung führender Verstoß gemäß § 16 S. 1 TzBfG nicht dazu führt, dass zu einem früheren Zeitpunkt als dem vereinbarten Ende ordentlich gekündigt werden kann, soweit dies nicht wie beschrieben gesondert vereinbart worden ist.

Folglich kann der D dem B frühestens zum Ablauf des 31. Januar 2018 ordentlich kündigen.

▶ **Hinweise** Bei diesem Fall musste der Bearbeiter erkennen, dass sich die Zwei-Jahres-Grenze nach § 14 II S. 1 TzBfG aus der Summe aller Befristungen zwischen dem betroffenen Arbeitgeber und Arbeitnehmer errechnet. Zudem bedarf die ordentliche Kündigung eines befristeten Arbeitsvertrages einer entsprechenden Vereinbarung.

Die Regelungen der §§ 15, 16 TzBfG sind sodann die unmittelbare Folge der unwirksamen Befristung bzw. fehlenden Vereinbarung zur ordentlichen Kündigung.

▶ **Wesentliche Paragrafen** §§ 1, 14, 15, 16 TzBfG, § 126 BGB

3.25 Fall 41: Anders überlegt ist zu spät überlegt

3.25.1 Fallfrage

Der 50-jährige Rüdiger ist seit sieben Jahren ein zuverlässiger und gewissenhafter Angestellter im kleinen Betrieb des Theodor. Neben Rüdiger beschäftigt Theodor regelmäßig noch zwei weitere Mitarbeiter. Unglücklicherweise laufen die Geschäfte seit einiger Zeit nicht wie erhofft. Da eine Besserung nicht in Sicht ist, entscheidet sich Theodor für eine Reduzierung seines Personalbestandes. Deshalb bestellt er Theodor zu einem Gespräch in sein Büro.

Theodor konfrontiert den Rüdiger in einem offenen Gespräch mit der unangenehmen Situation. Er teilt ihm in diesem Zusammenhang mit, dass er es für am sinnvollsten für beide Seiten halte, wenn das Arbeitsverhältnis mit Rüdiger einvernehmlich aufgehoben wird.

Sollte der Rüdiger nämlich nicht einwilligen, müsse er ihm leider kündigen. Dieser Umstand würde es Rüdiger gerade unter Berücksichtigung seines Alters nicht leicht machen, eine neue Arbeit zu finden. Rüdiger ist zutiefst verunsichert. Als er dann auch noch die bereits ausformulierte Kündigung auf dem Schreibtisch liegen sieht, ist er vollständig eingeschüchtert und unterschreibt daraufhin den von Theodor ebenfalls vorbereiteten Aufhebungsvertrag.

Einen Tag später bereut Rüdiger seine Entscheidung. Er geht deshalb erneut zu Theodor und teilt ihm mit, dass er den Aufhebungsvertrag rückgängig machen möchte. Er habe nur unterschrieben, weil er sich dazu gezwungen gefühlt habe. Nun möchte er jedoch den Bestand des Arbeitsvertrages vorerst aufrechterhalten. Theodor lehnt ab.

Was raten Sie Rüdiger?

3.25.2 Lösung

Fraglich ist, ob Rüdiger (R) eine Möglichkeit hat, den nach den §§ 623, 126 BGB mit Theodor (T) wirksam geschlossenen Aufhebungsvertrag rückgängig zu machen.

Hierfür könnte eine Anfechtung in Betracht kommen. Falls der R die Anfechtung wirksam erklären könnte, wäre seine Willenserklärung zum Abschluss des Aufhebungsvertrages und somit der Aufhebungsvertrag nach § 142 BGB von Anfang an nichtig.

Dafür müsste nach § 143 BGB eine Anfechtungserklärung erfolgen, die wiederum das Vorliegen eines Anfechtungsgrundes erfordert. Je nach Anfechtungsgrund hätte die Anfechtungserklärung unverzüglich oder binnen Jahresfrist nach den §§ 121 I, 124 I BGB zu erfolgen. Unverzüglich bedeutet ohne schuldhaftes Zögern, sodass R die Anfechtungserklärung jetzt in jedem Fall noch fristgerecht abgeben könnte, da erst ein Tag seit Vertragsschluss vergangen ist und folglich noch kein schuldhaftes Zögern gegeben wäre.

Fraglich ist daher, ob auch ein Anfechtungsgrund vorliegt. Anfechtungsgründe können Irrtümer nach § 119 BGB sowie eine Täuschung oder Drohung nach § 123 BGB sein. Ein Irrtum des R über den Inhalt seiner Erklärung oder des Rechtsgeschäfts ist nicht ersichtlich.

Es könnte jedoch ein Anfechtungsgrund aufgrund Drohung nach § 123 I Alt. 2 BGB gegeben sein. Danach wird demjenigen ein Anfechtungsgrund eingeräumt, der widerrechtlich durch Drohung zur Abgabe seiner Willenserklärung bestimmt worden ist. Eine Drohung i. S. v. § 123 I BGB ist das Inaussichtstellen eines künftigen Übels, auf dessen Eintritt der Drohende Einfluss zu haben vorgibt. Hier teilt der T dem R mit, dass er ihm kündigen werde und die Kündigung erhebliche Auswirkungen auf seine späteren Jobaussichten habe, sollte dieser das Angebot hinsichtlich des Aufhebungsvertrages nicht annehmen. Die Beendigung des Arbeitsverhältnisses durch Kündigung stellt bereits ein erhebliches Übel für R dar, sodass eine Drohung i. S. v. § 123 I BGB vorliegt.

Die Drohung müsste jedoch auch widerrechtlich sein. Dies ist insbesondere dann der Fall, wenn das angedrohte Übel oder der verfolgte Zweck rechtswidrig ist. Im konkreten Fall wäre dem so, wenn die in Aussicht gestellte Kündigung unwirksam und dies für den Arbeitgeber auch klar erkennbar gewesen wäre.

Es ist daher zu fragen, ob die in Aussicht gestellte Kündigung wirksam hätte ausgesprochen werden können.

Hierzu müsste zunächst geklärt werden, ob für die Kündigung das KSchG Anwendung finden würde, sodass die Kündigung einer sozialen Rechtfertigung nach § 1 KSchG bedürfen würde. Gem. § 23 I S. 2 KSchG findet das KSchG nur Anwendung, wenn im Betrieb mehr als zehn Arbeitnehmer ausschließlich der zu ihrer Berufsbildung Beschäftigten beschäftigt werden.

T beschäftigt insgesamt jedoch nur drei Arbeitnehmer, sodass das KSchG hier keine Anwendung finden würde. Entsprechend kann der T unter Einhaltung von Frist und Form nach den §§ 622 f. BGB ohne Angabe von Gründen kündigen. Demzufolge wäre der Ausspruch der Kündigung nicht widerrechtlich.

Mangels Vorliegen eines Anfechtungsgrundes kann der R den Aufhebungsvertrag nicht anfechten. Das Arbeitsverhältnis wurde somit wirksam beendet.

Dem R ist folglich zu raten, sich mit der für ihn ungünstigen Rechtslage abzufinden und sich neuen Aufgaben zuzuwenden.

▸ **Hinweise** Der vorliegende Fall verlangt keine vertieften arbeitsrechtlichen Kenntnisse, sondern ist im Kern durch die Anwendung des allgemeinen Schuldrechts zu lösen.
　　Der Bearbeiter muss das Erfordernis der Widerrechtlichkeit der Drohung erkennen und die hier sehr einfach gelagerte hypothetische Prüfung einer auszusprechenden Kündigung durchführen.

▸ **Wesentliche Paragrafen** §§ 119, 122, 123, 124, 126, 142, 143, 622, 623 BGB, §§ 1, 23 KSchG

3.26 Fall 42: Die singende Sarah

3.26.1 Fallfrage

Sarah ist Sängerin. Insbesondere in den 90er Jahren konnte sie einige Erfolge feiern. Inzwischen hat sie sich weitestgehend aus der Öffentlichkeit zurückgezogen.

Eventmanager Gustav möchte jedoch noch eine letzte Deutschland-Tournee für ihre treuen Fans veranstalten. Sarah willigt ein.

Die beiden vereinbaren, dass insgesamt zwölf Konzerte stattfinden werden, wofür Sarah je Auftritt 10.000 € erhalten soll. Wie im Vertrag vereinbart, mietet Gustav sodann die Hallen und Fußballstadien für die Tournee zu den gemeinsam festgelegten Terminen an.

Entgegen aller Erwartungen des Gustav erscheinen zum ersten Konzert lediglich ca. 50 Besucher. Auch das darauffolgende Konzert verläuft ähnlich schlecht. Gustav sieht eine finanzielle Katastrophe auf sich zukommen. Er entscheidet daher kurzerhand alleine, den Rest der Tournee abzusagen.

Dies teilt er Sarah mit, indem er ihr gegenüber den Vertrag kündigt.

Sarah findet sich mit der Absage der übrigen Tournee ab, möchte allerdings nicht auf ihre Gage für die abgesagten acht Konzerte verzichten. Sie bietet Gustav erfolglos an, an den acht Terminen auch andere Auftritte zu absolvieren. Andere Verdienstmöglichkeiten habe sie schließlich nicht.

Kann Sarah von Gustav nunmehr die 80.000 € verlangen?

3.26.2 Lösung

Sarah (S) könnte einen Anspruch auf Zahlung der vereinbarten Vergütung von 80.000 € aus § 611 BGB gegen den Gustav (G) haben.

Danach müsste zwischen den Parteien ein Arbeitsvertrag geschlossen worden sein. Ein Arbeitsvertrag ist ein auf die Erbringung von weisungsgebundenen Diensten gerichteter Vertrag. Fraglich ist hier bereits, ob ein bestimmter Dienst oder ein konkretes Ergebnis geschuldet war. Danach wäre zu beurteilen, ob es sich um einen Dienstvertrag nach § 611 BGB oder um einen Werkvertrag nach § 631 BGB handelt. Sollte ein Werkvertrag vorliegen, wäre die Vergütung abhängig von der Leistung des vereinbarten Erfolges und der daran anschließenden Abnahme.

Zur näheren Unterscheidung der beiden Vertragstypen ist daher auf den konkret vereinbarten Vertragsinhalt abzustellen. Kennzeichnend für einen Werkvertrag ist insbesondere, dass dabei eine abschließende, zumeist einmalige Leistung und keine Daueraufgabe Gegenstand ist. Zudem richtet sich die Vergütung üblicherweise nach dem Ergebnis des erbrachten Werkes und nicht nach zeitlich bemessenen Vergütungsparametern. Typisch für einen Arbeitsvertrag ist dagegen das Weisungsrecht des Arbeitgebers.

S und G haben sich vorliegend darauf geeinigt, dass die S insgesamt zehn Konzerte halten soll. Für jedes dieser Konzerte sollte sie eine festgeschriebene Summe von 10.000 € erhalten. Demnach stellt die Tournee zwar eine Gesamtleistung von zehn Konzerten dar, insgesamt betrachtet liegt jedoch keine Daueraufgabe vor. Auch die Tatsache, dass die S pauschal für das Abhalten der einzelnen Konzerte bezahlt werden sollte, spricht für das Vorliegen eines Werkvertrages. Darüber hinaus konnte der G weder den Ort noch den Zeitpunkt der jeweiligen Konzerte einseitig bestimmen. Das künstlerische Programm und der sonstige Inhalt der Auftritte sind zudem der eigenständigen Ausgestaltung der S überlassen.

Folglich haben S und G einen Werkvertrag nach § 631 BGB geschlossen, so dass ein Anspruch auf Zahlung der vereinbarten Vergütung nach § 611 BGB ausscheidet.

Die S könnte jedoch einen Anspruch auf Zahlung der 80.000 € aus § 631 I BGB gegen den G haben.

Der G könnte den geschlossenen Werkvertrag mit S jedoch ordnungsgemäß gekündigt haben. Gem. § 649 S. 1 BGB kann der Besteller bis zur Vollendung des Werkes den Vertrag jederzeit kündigen, wodurch der Werkvertrag mit seinen Pflichten entfällt. Einer Kündigung des G steht somit nichts mehr entgegen. Ein Anspruch aus § 631 I BGB scheidet folglich gleichfalls aus.

S könnte aber aufgrund der Kündigung des G einen Anspruch auf Zahlung der 80.000 € aus § 649 S. 2 BGB haben. Nach § 649 S. 2 BGB ist der Unternehmer dazu berechtigt, die vereinbarte Vergütung zu verlangen. Er muss sich dann jedoch dasjenige anrechnen lassen, was er durch die Kündigung an Aufwendungen erspart oder durch anderweitige Verwendung seiner Arbeitskraft erworben oder böswillig zu erwerben unterlassen hat. Vorliegend hat die S erfolglos versucht, andere Konzerte zu geben. Weitere Verdienstmöglichkeiten waren nicht vorhanden. Folglich ist ihr Vergütungsanspruch gegenüber dem G nicht aufgrund ersparter Aufwendungen oder böswillig unterlassener Einkünfte zu reduzieren.

Mithin hat die S einen Anspruch aus § 649 S. 2 BGB auf Zahlung der 80.000 € für die ausgefallenen Konzerte gegen den G.

▸ **Hinweise** Die Unterscheidung zwischen Dienst- und Werkvertrag sowie die Unterscheidung zwischen abhängiger und selbständiger Tätigkeit ist in der Praxis mit großen Schwierigkeiten verbunden.
Der Bearbeiter muss diese Schaltstelle hinsichtlich des anzuwendenden Rechts erkennen und unter Heranziehung aller Umstände des Einzelfalls die Abgrenzungsproblematik lösen.

▸ **Wesentliche Paragrafen** §§ 611, 631, 649 BGB

3.27 Fall 43: Urlaub für Lars

3.27.1 Fallfrage

Thilo betreibt ein großes Transportunternehmen, das sich auf die Beförderung von Fracht- und Expressgut spezialisiert hat. Um alle damit verbundenen Aufgaben erfolgreich meistern zu können, schließt er Verträge mit einzelnen Nahverkehrspartnern ab.

Diese sollen sämtliche Güter von den Frachtzentren des Thilo zu den jeweiligen Kunden bringen. Thilo selbst kümmert sich nur um die Belieferung der Zentren.

Einer dieser Nahverkehrspartner ist Lars. Kraft Vertrages mit Thilo hat Lars sich verpflichtet, die Auslieferungen in einem bestimmten Nahverkehrsbereich zu übernehmen. Darüber hinaus muss Lars die Auftragsabwicklung nach dem einheitlichen Lieferverfahren des Thilo durchführen und fünfmal die Woche morgens um 6 Uhr in der Zentrale des Thilo erscheinen, um die gesamten Transportaufträge entgegenzunehmen. Im Gegenzug schuldet Thilo dem Lars eine monatlich pauschale Gesamtsumme für die Lieferdienste.

Beide Seiten erfüllen die vertraglichen Pflichten sehr sorgfältig und beanstandungsfrei. Nach etwa zehn Monaten der Zusammenarbeit teilt Lars dem Thilo mit, dass er jetzt gerne einmal Urlaub machen würde. Lars stellt einen Antrag auf bezahlten Erholungsurlaub per E-Mail, wie er es aus früheren Beschäftigungsverhältnissen kennt. Thilo antwortet, dass Lars selbständig sei und deshalb von bezahltem Erholungsurlaub keine Rede sein könne.

Wie ist die Rechtslage?

3.27.2 Lösung

Lars (L) könnte einen Anspruch auf bezahlten Erholungsurlaub gegen Thilo (T) aus § 1 BUrlG haben. Demnach hat jeder Arbeitnehmer in jedem Kalenderjahr einen Anspruch auf bezahlten Erholungsurlaub.

Folglich müsste L also Arbeitnehmer des T sein. Der Begriff des Arbeitnehmers ist gesetzlich nicht definiert. In Abgrenzung zum Selbständigen nach § 84 I S. 2 HGB ist ein Arbeitnehmer, wer nicht im Wesentlichen frei Inhalt, Ort und Zeit seiner Leistung bestimmen kann, sondern diese weisungsabhängig zu erbringen hat. Dies ist unter Würdigung aller Umstände des Einzelfalls zu bewerten, wobei im Rahmen der Gesamtbetrachtung auf einzelne Indizien abgestellt werden muss.

Anerkanntes Indiz für die Arbeitnehmereigenschaft sind insbesondere die genannten Kriterien der Weisungsgebundenheit sowie die Tatsache, dass die vereinbarte Art und Weise der Leistung, der Ort sowie die Zeit der Tätigkeit nicht (mit-)bestimmt werden dürfen. Darüber hinaus spricht für das Vorliegen eines Arbeitnehmers die Eingliederung in den Betriebsablauf und die Zahlung einer festen und wiederkehrenden Vergütung.

Vorliegend hat L sich vertraglich dazu verpflichtet, fünfmal die Woche um 6 Uhr morgens in der Zentrale des T zu erscheinen, um dort die Transportaufträge entgegenzunehmen. Folglich erhält L jeden Morgen am seitens des T vorgeschriebenen Ort Anweisungen, die er anschließend ausführt. Damit wird deutlich, dass L einerseits dem T gegenüber weisungsgebunden ist und andererseits ein Teil seiner Tätigkeit an einen konkreten Ort und an eine bestimmte Zeit gebunden ist.

Weiterhin muss L die Auftragsabwicklung nach einem einheitlichen und vorgeschriebenen Muster des T durchführen. Die Art und Weise seiner Leistungserfüllung ist somit ebenfalls festgelegt. Schließlich hat er die Zuständigkeit für ein bestimmtes Nahverkehrsgebiet übernommen. Damit ist seine Tätigkeit erneut auf einen räumlich eingrenzbaren Bereich beschränkt. Zudem wird daraus deutlich, dass der L ein Teil des Gesamtbetriebes des T und daher in dessen Betriebsablauf eingegliedert ist. Zuletzt erhält der L auch eine feste monatliche Pauschalvergütung von T.

Folglich sprechen zahlreiche Indizien dafür, dass L Arbeitnehmer des T ist. Aus einer Gesamtbetrachtung all dieser einzelnen Umstände folgt die abschließende Wertung, dass L Arbeitnehmer ist.

Im Ergebnis hat der L gem. § 1 BUrlG einen Anspruch auf bezahlten Erholungsurlaub gegen den T.

▶ **Hinweise** Die Abgrenzung von Arbeitnehmern und Selbständigen nimmt in der Arbeitsrechtspraxis einen breiten Raum ein. Dies zeigt sich auch darin, dass die Thematik in diesem Fall mehrfach und in unterschiedlichen Facetten zum Gegenstand gemacht wird.

Im vorliegenden Fall bildet das Urlaubsrecht nur den Aufhänger für die Prüfung der Arbeitnehmereigenschaft. Der Bearbeiter muss erkennen und darlegen, dass alle Vertragsinhalte in einer Gesamtschau nur den Schluss zulassen, dass ein Arbeitsverhältnis gegeben ist.

▶ **Wesentliche Paragrafen** § 1 BUrlG

3.28 Fall 44: Der leitende Johannes

3.28.1 Fallfrage

Johannes ist seit zwei Jahren im Unternehmen des Falco angestellt. Der Betrieb hat insgesamt 20 Mitarbeiter und verfügt über einen Betriebsrat. Die meisten Mitarbeiter sind als Sachbearbeiter im kaufmännischen Bereich tätig.

Johannes ist der Leiter der Personalabteilung und dem Falco unterstellt. In seiner Eigenschaft als Personalleiter darf Johannes selbständig Arbeitnehmer einstellen und entlassen.

Seit geraumer Zeit schwindet jedoch das Vertrauen des Falco in Johannes. Insbesondere missfällt dem Falco das allgemeine Benehmen des Johannes. Ohne einen einzelnen ausschlaggebenden, konkreten Anlass benennen zu können, fasst Falco den Entschluss zur Kündigung des Johannes.

Dem Johannes wird sodann auch form- und fristgerecht die ordentliche Kündigung ausgesprochen.

Eine Anhörung des Betriebsrates fand nicht statt.

Johannes wendet gegen die Kündigung ein, dass diese aufgrund des Kündigungsschutzgesetzes zwingend sozial gerechtfertigt sein müsse. Außerdem hätte der Betriebsrat angehört werden müssen. Beides sei missachtet worden, und deshalb sei die Kündigung unwirksam.

Ist die Kündigung wirksam?

Wie könnte Falco das Arbeitsverhältnis zur Beendigung bringen, wenn die Kündigung sich in einem Kündigungsschutzverfahren als voraussichtlich unwirksam erweisen würde?

3.28.2 Lösung

Fraglich ist, ob die von Falco (F) gegenüber Johannes (J) ausgesprochene Kündigung wirksam ist. Form und Frist der Kündigung wurden laut Sachverhalt eingehalten.

Die Kündigung könnte jedoch nach § 102 I BetrVG unwirksam sein, da der Betriebsrat nicht angehört wurde. Dies wäre jedoch nur dann der Fall, wenn der Betriebsrat für die hier gegenständliche Kündigung auch hätte angehört werden müssen.

Dafür müsste das BetrVG bezogen auf den J persönlich anwendbar sein. Gemäß § 5 I BetrVG ist das Gesetz auf Arbeitnehmer einschließlich Auszubildender anzuwenden. Der Arbeitnehmerbegriff des BetrVG erfährt jedoch dahingehende Einschränkungen, dass im Lager des Arbeitgebers stehende Beschäftigte von dessen Anwendungsbereich ausgeschlossen werden, um mögliche Interessenkollisionen auszuschließen.

Nach § 5 III S. 1 BetrVG wird vom Arbeitnehmerbegriff der leitende Angestellte ausgenommen. Leitender Angestellter im Sinne dieser Norm ist, wer zur selbständigen Einstellung und Entlassung von im Betrieb beschäftigten Arbeitnehmern berechtigt ist.

J ist Leiter der Personalabteilung. Seine Aufgabe besteht gerade darin, Arbeitnehmer für den Betrieb selbständig einzustellen und zu entlassen. Folglich ist er ein leitender Angestellter i. S. v. § 5 III S. 1 BetrVG. Die Vorschriften des BetrVG sind vorliegend also nicht anwendbar. Dementsprechend führt die unterlassene Anhörung des Betriebsrates nicht zur Unwirksamkeit der Kündigung.

Die Kündigung könnte jedoch in Ermangelung einer sozialen Rechtfertigung nach § 1 I KSchG unwirksam sein.

Dafür müsste wiederum das KschG anwendbar sein. Nach § 14 II KSchG finden sämtliche Regelungen (mit Ausnahme des § 3) des KSchG auch Anwendung auf leitende Angestellte, die zur selbständigen Einstellung und Entlassung von Arbeitnehmern berechtigt sind.

Nach §§ 1, 23 I KschG gilt ferner, dass das KSchG anzuwenden ist, wenn der Betrieb regelmäßig mehr als zehn Arbeitnehmer beschäftigt und das Arbeitsverhältnis zum Arbeitnehmer, welcher von der Kündigung betroffen ist, mindestens seit sechs Monaten ohne Unterbrechung besteht.

J ist seit zwei Jahren als Leiter Personalabteilung tätig. Im Betrieb sind regelmäßig 20 Personen beschäftigt. Mithin findet das KSchG vorliegend Anwendung.

Die Kündigung müsste deshalb gemäß § 1 I KSchG sozial gerechtfertigt sein. Nach § 1 II KSchG ist dies dann der Fall, wenn personen-, verhaltens- oder betriebsbedingte Gründe vorliegen, die der Weiterbeschäftigung des Arbeitnehmers entgegenstehen.

Vorliegend hat F den J gekündigt, weil dessen Benehmen ihm nicht mehr gefiel. Einen konkreten Anlass oder Vorfall kann F jedoch nicht benennen. In Betracht käme daher allenfalls eine verhaltensbedingte Kündigung. Verhaltensbedingt kündigen kann ein Arbeitgeber dann, wenn zunächst auf Seiten des Arbeitnehmers ein bereits einschlägig abgemahnter rechtswidriger, schuldhafter und erheblicher Verstoß gegen seine arbeitsvertraglichen Pflichten festzustellen ist.

Vorliegend ist weder ein entsprechender Verstoß noch eine einschlägige Abmahnung ersichtlich.

3.28 Fall 44: Der leitende Johannes

Die Kündigung ist demzufolge nach § 1 I KSchG nicht sozial gerechtfertigt.

Die Kündigung ist mithin unwirksam.

Fraglich ist daher, wie der F die Beendigung des Arbeitsverhältnisses im Rahmen eines von J angestrengten Kündigungsschutzprozesses herbeiführen könnte.

Gem. §§ 14 II S. 2, 9 I S. 2 KSchG kann der Arbeitgeber im Rahmen eines Kündigungsschutzprozesses jederzeit und ohne Angabe von Gründen einen Auflösungsantrag stellen, wenn der Arbeitnehmer ein leitender Angestellter ist. Daraufhin löst das zuständige Gericht das Arbeitsverhältnis zwischen beiden Parteien gegen eine in das gerichtliche Ermessen gestellte angemessene Abfindung auf.

▸ **Hinweise** Die ordnungsgemäße Prüfung der Kündigung verlangt vom Bearbeiter eine grobe Kenntnis des betriebsverfassungsrechtlichen Arbeitnehmerbegriffs. Die Anwendung der einschlägigen Norm bereitet hier keine Schwierigkeiten.

Auch die Prüfung der sozialen Rechtfertigung der Kündigung ist unproblematisch. Der Bearbeiter muss jedoch die Anwendbarkeit des KSchG darlegen und sodann auch die Möglichkeit eines arbeitgeberseitigen Auflösungsantrages ausführen.

▸ **Wesentliche Paragrafen** §§ 1, 14, 9 KSchG; §§ 5, 102 BetrVG

3.29 Fall 45: Erst hü, dann hott

3.29.1 Fallfrage

Arnold ist mit 16 anderen Arbeitnehmern seit nunmehr mehreren Jahrzehnten im kleinen Betrieb der Fenster GmbH tätig. Alle Arbeitnehmer sind gleichermaßen Monteure im Fensterbau.

Gregor ist nicht nur der einzige Gesellschafter, sondern auch der Geschäftsführer der Fenster GmbH.

Gregor möchte sich nunmehr aufgrund seines fortgeschrittenen Alters mit seiner Ehefrau zur Ruhe setzen. Deshalb möchte er den Geschäftsbetrieb bis zum Jahresende einstellen. Er kündigt dementsprechend sämtlichen Arbeitnehmern ordnungsgemäß und fristgerecht zum genannten Termin.

Unglücklicherweise verstirbt die Ehefrau des Gregor jedoch nach dem Ausspruch der Kündigungen. Gregor sieht deshalb keinen Sinn mehr in seinem bevorstehenden Ruhestand. Viel lieber will er sich zur Ablenkung voll auf die Arbeit stürzen. Die Kündigungen sollen jedoch aufrechterhalten werden. Der Geschäftsbetrieb soll nur noch von Gregor alleine fortgeführt werden, obwohl noch hinreichend Arbeit für mehrere Monteure vorhanden ist.

Arnold ist nichts von den Überlegungen seines Chefs vorenthalten geblieben. Nach Ablauf der Kündigungsfrist sieht er zudem, dass der Geschäftsbetrieb tatsächlich fortgeführt wird. Arnold ist auf das Erwerbseinkommen dringend zur Deckung der Lebenshaltung seiner Familie angewiesen.

Kann Arnold Wiedereinstellung von der Fenster GmbH verlangen?

3.29.2 Lösung

Fraglich ist, ob Arnold (A) einen Wiedereinstellungsanspruch gegen die Fenster GmbH (F) hat. Einen gesetzlich geregelten Wiedereinstellungsanspruch kennt das Arbeitsrecht in solchen Konstellationen nicht. Das Bundesarbeitsgericht hat jedoch einen Wiedereinstellungsanspruch in der Rechtsprechung für den Fall etabliert, dass sich eine für eine wirksam ausgesprochene Kündigung zu Grunde gelegte Prognose während des Laufs der Kündigungsfrist als unrichtig erweist. Wenn in einer solchen Konstellation nach einer Abwägung der beiderseitigen Interessen das Arbeitnehmerinteresse auf Beschäftigung überwiegt, liegt ausnahmsweise ein Wiedereinstellungsanspruch vor, sofern dem Arbeitgeber die Weiterbeschäftigung nicht im Einzelfall unzumutbar sein sollte.

Vorliegend müsste folglich die vorangegangene, wirksam ausgesprochene Kündigung auf einer Prognose beruhen, die sich im Laufe der Kündigungsfrist als unzutreffend erwies.

Dies wäre der Fall, wenn sich zwischen dem Ausspruch der Kündigung und dem Ablauf der Kündigungsfrist eine unerwartete Weiterbeschäftigungsmöglichkeit ergibt.

Die F kündigte allen Arbeitnehmern aufgrund der Prognose, dass der gesamte Geschäftsbetrieb eingestellt wird.

Durch den unerwarteten Tod der Ehefrau während des Laufs der Kündigungsfrist hat der Gregor sich jedoch umentschieden. Die anfängliche Prognose der Betriebsschließung hat sich folglich als unzutreffend erwiesen. Dieser Umstand trat zwischen Zugang der Kündigung und Ablauf der Kündigungsfrist ein. Die wirksame Kündigung des A beruhte folglich auf einer Prognose, die sich im Laufe der Kündigungsfrist als falsch erwies.

Es ist daher nunmehr zu prüfen, ob im vorliegenden Einzelfall die Interessen des Arbeitnehmers höher einzuordnen sind als die des Arbeitgebers. Fraglich ist folglich, ob der Arbeitnehmer ein höher einzuordnendes Interesse an einer unveränderten Fortsetzung des Arbeitsverhältnisses hat als der Arbeitgeber an dessen Beendigung. Fällt der für die Kündigung bestimmende Umstand während der Kündigungsfrist weg, hat der Arbeitgeber grundsätzlich kein erkennbar schutzwürdiges Interesse mehr, sodass eine Interessenabwägung regelmäßig zugunsten des Arbeitnehmers ausfällt.

Vorliegend ist Arbeit für mehrere Monteure gegeben. Zudem ist A dringend aufgrund der Unterhaltspflichten seiner Familie gegenüber auf das Einkommen aus dem Arbeitsverhältnis angewiesen. Zugunsten der F ist indes kein Umstand ersichtlich, der das Beendigungsinteresse stützen könnte.

Die Interessen des A überwiegen somit die der F.

Mithin kann der A gegenüber der F einen Wiedereinstellungsanspruch geltend machen.

▶ **Hinweise** Der Wiedereinstellungsanspruch ist für die vorliegende Fallkonstellation richterrechtlich ausgeprägt. Der Bearbeiter muss nicht ausführen, worin die in Literatur und Rechtsprechung unterschiedlich hergeleitete dogmatische Begründung für den Anspruch liegt.

Er muss jedoch das Problem als solches erkennen und argumentativ eine vertretbare Begründung dafür herleiten, dass hier der Grundsatz der Bestandskraft einer wirksam ausgesprochenen Kündigung zu unhaltbaren Ergebnissen führt.

3.30 Fall 46: Hungriger Carlo

3.30.1 Fallfrage

Carlo arbeitet seit einigen Jahren als Kellner im kleinen Restaurant des Pedro. Carlo liebt seine Arbeit. Dies strahlt er auch aus. Die Gäste sind stets begeistert von seiner zuvorkommenden und freundlichen Art. Entsprechend zufrieden ist auch Arbeitgeber Pedro.

Carlo hat jedoch eine heimliche schlechte Angewohnheit. Er nascht regelmäßig von aufgebauten Buffets. Eines Tages sieht Pedro jedoch, wie sich Carlo mit bloßen Händen an einem Gästebuffet bedient.

Dafür hat Pedro absolut kein Verständnis. Zum einen ist es bereits aus hygienischer Sicht unzumutbar für die Gäste, dass mit bloßen Händen in ein Buffet gegriffen wird. Zudem liegt in dem Verhalten des Carlo ein klarer Diebstahl. Pedro ist umso erboster aufgrund der Tatsache, dass Carlo und dessen Kollegen in den Pausen sogar Essen vom Arbeitgeber gestellt bekommen.

Pedro belässt es jedoch zunächst bei einer Abmahnung für Carlo, die dieser auch so akzeptiert. Als er Carlo allerdings erneut dabei erwischt, wie jener sich mit bloßen Händen Essen vom Buffet der Gäste greift, platzt ihm der Kragen. Er erklärt ordnungsgemäß die fristlose Kündigung des Arbeitsverhältnisses. Die Kündigung wird von Carlo auch akzeptiert.

Zudem verlangt Pedro von Carlo die Zahlung eines Brutto-Monatsgehalts. Er stützt sich dabei auf die folgende Klausel, die er in jedem Arbeitsvertrag mit seinen Arbeitnehmern verwendet:

> § 18 Vertragsstrafe
>
> ... Wird der Arbeitgeber aufgrund schuldhaft vertragswidrigen Verhaltens seitens des Arbeitnehmers zu einer fristlosen Kündigung des Arbeitsvertrages veranlasst, so hat der Arbeitnehmer eine Vertragsstrafe in Höhe eines Brutto-Monatsgehalts an den Arbeitgeber zu zahlen ...

Mit dieser Strafzahlung ist Carlo dagegen nicht einverstanden.

Kann Pedro von Carlo die Zahlung eines Brutto-Monatsgehalts verlangen?

3.30.2 Lösung

Pedro (P) könnte einen Anspruch auf Zahlung eines Brutto-Monatsgehalts gegen Carlo (C) gem. § 18 des Arbeitsvertrages haben. Voraussetzung dafür ist zunächst, dass der Arbeitgeber durch schuldhaftes Verhalten des Arbeitnehmers dazu veranlasst wurde, jenen fristlos zu kündigen. Nach den Sachverhaltsangaben liegt eine wirksame fristlose Kündigung aufgrund des wiederholten Eigentumsdeliktes des C vor, sodass der Tatbestand der Klausel erfüllt ist.

Fraglich ist jedoch, ob die Klausel auch wirksam vereinbart wurde.

Die Klausel könnte eine allgemeine Geschäftsbedingung i. S. d. § 305 I S. 1 BGB sein und deshalb der Inhaltskontrolle nach den §§ 307ff. BGB unterliegen.

Allgemeine Geschäftsbedingungen (AGB) sind alle für eine Vielzahl von Verträgen vorformulierten Vertragsbedingungen, die eine Vertragspartei der anderen Vertragspartei bei Abschluss eines Vertrages stellt. Nach § 310 III Nr. 1 und 2 BGB gelten die Klauseln auch bei einfacher Verwendung als gestellt, wenn ein Unternehmer sie gegenüber einem Verbraucher vorformuliert hat. Unternehmer und Verbraucher werden wiederum in den §§ 13, 14 BGB definiert. Verbraucher ist danach jede natürliche Person, die ein Rechtsgeschäft zu Zwecken abschließt, die überwiegend weder ihrer gewerblichen noch ihrer selbständigen beruflichen Tätigkeit zugerechnet werden können. Unternehmer ist dagegen eine natürliche oder juristische Person oder eine rechtsfähige Personengesellschaft, die bei Abschluss eines Rechtsgeschäfts in Ausübung ihrer gewerblichen oder selbständigen beruflichen Tätigkeit handelt.

Bei Abschluss eines Arbeitsvertrages handelt der Arbeitnehmer nur für sich privat ohne selbständigen oder beruflichen Bezug. Für den Arbeitgeber gilt das genaue Gegenteil. Folglich liegt hier bei Vertragsschluss eine Unternehmer-Verbraucher-Konstellation vor, die nach den §§ 310 II, 13, 14 BGB dazu führt, dass alleine die hier gegenüber allen Arbeitnehmern des P vorhandene Vorformulierung der Verträge dazu führt, dass AGB nach § 305 I S. 1 BGB vorliegen.

Die Regelung der Vertragsstrafe gem. § 18 des Arbeitsvertrages muss daher einer Inhaltskontrolle standhalten.

Die Vertragsstrafe könnte gem. den §§ 309 Nr. 6, 310 I, 13, 14 BGB unwirksam sein. § 309 Nr. 6 umfasst allerdings nur Vertragsstrafen für Fälle der Nichtabnahme oder verspäteten Leistung, des Zahlungsverzugs und Fälle, in denen sich der Vertragspartner vom Vertrag löst. Hier löst sich jedoch der Verwender der AGB und nicht der Vertragspartner mittels einer fristlosen Kündigung vom Vertrag. Der § 309 Nr. 6 BGB ist daher nicht einschlägig.

Die Vertragsstrafenabrede könnte jedoch nach § 307 BGB unwirksam sein. Demnach sind AGB immer dann unwirksam, wenn der Vertragspartner des Verwenders entgegen den Geboten von Treu und Glauben unangemessen benachteiligt wird. Insbesondere legt der § 307 I S. 2 fest, dass sich unangemessene Benachteiligungen gerade auch aus unklaren und unverständlichen Bestimmungen ergeben können (sog. Transparenzgebot).

Vorliegend regelt der § 18 des Arbeitsvertrages sehr abstrakt einen Tatbestand und eine daraus resultierende Vertragsstrafe als Rechtsfolge. Die Tatbestandsseite erfordert ein schuldhaft vertragswidriges Verhalten des Arbeitnehmers. Darunter können unzählige Einzelfälle subsumiert werden. Es wird daher nicht klar, welches konkrete Verhalten des Arbeitnehmers zur Verwirkung der Vertragsstrafe führen soll. Auf der Rechtsfolgenseite wird der Schadensersatz pauschal mit einem Bruttomonatsgehalt bemessen. Die Relation zum schuldhaften Verhalten kann daher nicht angemessen hergestellt werden, da ein schuldhaftes Verhalten zahlreiche Tatbestände umfassen kann.

Der Sinn der Vertragsstrafe liegt folglich darin, sämtliche Pflichten aus dem Arbeitsvertrag abstrakt abzusichern. Es handelt sich folglich um ein globales Strafversprechen, welches wie ausgeführt mit dem Transparenzgebot gem. § 307 I S. 2 BGB unwirksam sind.

Demzufolge hat der P keinen Anspruch auf Zahlung eines Brutto-Monatsgehalts gegen den C.

▸ **Hinweise** Arbeitsverträge sind nahezu immer AGB-Verträge, weil aufgrund der Unternehmer-Verbraucher-Konstellation das Vorliegen von AGB im Kern vermutet wird.

Der Bearbeiter muss neben dieser Tatsache auch den Prüfungsmaßstab der Inhaltskontrolle erkennen. Neben der Generalklausel des § 307 BGB sind für Arbeitsverträge auch die §§ 308, 309 BGB einschlägig, die insoweit vorrangig zu erörtern sind.

▸ **Wesentliche Paragrafen** §§ 13, 14, 305, 307, 309, 310 BGB

3.31 Fall 47: Der junge Ede

3.31.1 Fallfrage

Die Supersafe GmbH betreibt ein auf die Erbringung von Sicherheitsdienstleistungen spezialisiertes Gewerbe. Für ihren Wachdienst sucht sie deshalb nach neuem Personal.

Der 22-jährige Ede, der seine Ausbildung zur Sicherheitsfachkraft als Jahrgangsbester absolviert hat, hat derweil per Zufall von der Stellenanzeige der Supersafe GmbH erfahren. Auf seine Bewerbung wird er zum Vorstellungsgespräch eingeladen. Dort trifft er auf den Personalleiter Paul. Nach einer kurzen einleitenden Unterhaltung teilt Paul dem Ede mit, dass dieser für den Job nicht in Betracht käme, weil er viel zu jung sei. Die Supersafe GmbH suche nach einem Mitarbeiter mit Lebenserfahrung, der aufgrund seines Alters mit stressigen und hektischen Situationen in aller Gelassenheit umgehen kann. Dafür sei Ede noch zu jung, obwohl er auf dem Papier die besten Qualifikationen aufweist.

Kurz darauf wird der 49-jährige Helmut angestellt.

Ede ist darüber nicht sonderlich erbaut. Da momentan sonst keine passenden Stellen auf dem Arbeitsmarkt für Ede zur Verfügung stehen und er unter keinen Umständen zu Hause rumsitzen und Däumchen drehen möchte, fragt er sich, ob er nicht eventuell einen Anspruch auf Einstellung gegen die Supersafe GmbH hat. Schließlich fühlt er sich wegen seines Alters diskriminiert.

3.31.2 Lösung

Ede (E) könnte gegenüber der Supersafe GmbH (S) einen Anspruch auf Einstellung aus einer Verletzung des Benachteiligungsverbots nach § 7 AGG haben. Dazu stellt § 15 VI AGG explizit fest, dass ein Verstoß des Arbeitgebers gegen das Benachteiligungsverbot aus § 7 I AGG keinen Anspruch auf Begründung eines Beschäftigungsverhältnisses begründet. Ein Einstellungsanspruch nach dem AGG scheidet folglich aus.

In Betracht könnte aber ein Einstellungsanspruch im Rahmen eines Schadensersatzanspruches kommen. Ein Anspruch auf Einstellung könnte sich für den E aus den §§ 280 I, 278 i. V. m. §§ 241 II, 311 Nr. 1 BGB ergeben. Grundsätzlich setzt dies eine schuldhafte Pflichtverletzung aus einem Schuldverhältnis sowie einen daraus entstandenen Schaden voraus. Fraglich ist damit zunächst, ob der Schadensersatzbegriff aus § 249 I BGB überhaupt einen Anspruch auf Einstellung beinhalten kann. Nach dem Wortlaut der Norm ist der Zustand wiederherzustellen, der ohne den zum Ersatz verpflichtenden Umstand vorgelegen hätte (Grundsatz der Naturalrestitution). Vorliegend wäre der E aufgrund seiner ausgezeichneten Qualifikation eingestellt worden, wenn er nicht diskriminiert worden wäre. Die Folge einer Naturalrestitution wäre somit der begehrte Einstellungsanspruch, sodass ein darauf gerichteter Schadensersatzanspruches i. S. d. § 249 I BGB grundsätzlich möglich ist.

Indes könnte der Ausschluss eines Einstellungsanspruchs nach § 15 VI AGG dahingehend auszulegen sein, dass er auch alle nicht im AGG geregelten Schadensersatzansprüche umfasst. Der Wortlaut des § 15 V AGG sieht zwar vor, dass außerhalb des AGG bestehende Ansprüche nicht verdrängt werden. Jedoch weist die systematische Stellung des § 15 VI AGG darauf hin, dass dieser als speziellere Regelung die Ausnahme zu dem Grundsatz des § 15 V AGG bilden soll.

Dies wird insbesondere aus dem in § 15 VI Hs. 2 AGG verwendeten Begriff „anderer Rechtsgrund" deutlich. Damit sind alle anderen Gründe für die Einstellung (z. B. Wiedereinstellungsansprüche) gemeint, die gerade nicht in einem Verstoß gegen das Benachteiligungsverbot liegen.

Im Umkehrschluss sind mithin durch § 15 VI AGG alle denkbaren Einstellungsansprüche wegen eines Verstoßes gegen das Benachteiligungsverbot gesperrt, sodass auch der Schadensersatzbegriff des § 249 I BGB umfasst wird.

Ein Anspruch auf Einstellung kann sich folglich nicht aus den §§ 280 I, 278 i. V. m. §§ 241 II, 311 Nr. 1 BGB ergeben.

Ein Anspruch des E gegen die S auf Einstellung ist im vorliegenden Fall somit nicht gegeben.

▸ **Hinweise** Gefragt ist ausschließlich nach einem Anspruch auf Einstellung. Der Bearbeiter beginge folglich einen groben Fehler, wenn er sich mit dem Schadensersatz- oder Entschädigungsanspruch nach § 15 I, II AGG umfassend auseinandersetzte.

Für eine gute Lösung des Falles ist die Wirkung der Konkurrenzregelungen des § 15 V, VI AGG zu erkennen. Diese sind systematisch in ihrem Sinngehalt zu erfassen und entsprechend anzuwenden.

▸ **Wesentliche Paragrafen** §§ 280, 249, 278, 241 BGB, § 15 AGG

3.32 Fall 48: Weihnachtsgeld für Tina

3.32.1 Fallfrage

Konrad beschäftigt in seinem Betrieb insgesamt 40 Mitarbeiter. Da die Geschäfte im Jahr 2013 erstaunlich gut liefen, entschließt er sich zum Jahresende kurzerhand, seinen Arbeitnehmern ein 13. Gehalt mit der Abrechnung für Dezember 2013 auszuzahlen. Eine vertragliche Grundlage gibt es dafür nicht, sodass Konrad dies als einmalige Wohltat in die Belegschaft hinein kommuniziert. Die positive Geschäftsentwicklung setzt sich indes fort. Die darauffolgenden Jahre nehmen einen ähnlich guten Verlauf, sodass Konrad die Auszahlung des 13. Monatsgehaltes auch in den Jahren 2014 und 2015 beibehält.

2016 liegen die Dinge jedoch anders. Durch den Verlust einiger größerer Aufträge sinken Umsatz und Gewinn spürbar. Konrad entscheidet sich deshalb dafür, in diesem Jahr auf die Auszahlung des 13. Gehaltes zu verzichten.

Tina hat aber bereits fest mit der Auszahlung gerechnet. Sie möchte gerne ihre Wohnung renovieren und benötigt dafür das 13. Gehalt dringend.

Hat sie einen Anspruch auf Zahlung des 13. Gehalts zum Ende des Jahres 2016?

3.32.2 Lösung

Tina (T) könnte einen Anspruch auf Zahlung eines 13. Gehaltes zum Ende des Jahres 2016 gegen Konrad (K) haben.

Mangels einer arbeitsvertraglichen Grundlage kommt vorliegend nur ein Anspruch aus sog. betrieblicher Übung in Betracht.

Eine betriebliche Übung liegt vor, wenn der Arbeitnehmer aus der regelmäßigen Wiederholung bestimmter Verhaltensweisen des Arbeitgebers schließen kann, dass ihm auf Dauer eine Leistung gewährt werden soll. Dies ist aus der Sicht eines objektiven Dritten zu beurteilen. Aus Sicht eines solchen unbeteiligten und objektiven Dritten muss das Verhalten des Arbeitgebers so wirken, dass der Arbeitgeber sich auch in Zukunft so verhalten wird, wie er es zuvor getan hat.

Ein tatsächlich vorhandener Verpflichtungswille des Arbeitgebers ist folglich nicht erforderlich. Ein Leistungsanspruch für die Zukunft liegt bei jährlich wiederkehrenden Zahlungen dann vor, wenn der Arbeitgeber dreimal aufeinanderfolgend und vorbehaltlos Sonderleistungen an die gesamte Belegschaft gewährt.

Vorliegend zahlte der K dreimal hintereinander zum Jahresende ein 13. Monatsgehalt an alle seine Arbeitnehmer aus. Aus Sicht eines objektiven und unbeteiligten Dritten kann daraus geschlossen werden, dass der K dies auch in Zukunft fortführen wird.

Folglich hat die T gegen den K einen Anspruch auf Auszahlung eines 13. Monatsgehaltes zum Jahresende 2016 aufgrund des Vorliegens einer betrieblichen Übung.

▶ **Hinweise** Die betriebliche Übung ist ein gewohnheitsrechtlich anerkanntes Rechtsinstitut im Arbeitsrecht. Deren dogmatische Herleitung muss zur Lösung des vorliegenden Falls nicht wiedergegeben werden.

Die Fallkonstellation könnte dadurch an Schwierigkeit gewinnen, wenn der Arbeitgeber die gewährte Leistung im Einzelfall ausdrücklich ohne Anerkennung einer rechtlichen Verpflichtung und somit freiwillig gewährt oder wenn er sich den Widerruf vorbehält. Hierzu wären dann die §§ 305 ff. BGB als Inhaltsgrenze entsprechender Vereinbarungen ergänzend zu prüfen.

3.33 Fall 49: Streik auf dem Parkplatz

3.33.1 Fallfrage

Die P-GmbH (P) ist Mieterin eines außerörtlich gelegenen Geländes. Um über den Haupteingang in das Betriebsgebäude zu gelangen, müssen alle Mitarbeiter einen sich auf dem Betriebsgelände befindenden Parkplatz überqueren. Durch klar sichtbare Schilder wird hervorgehoben, dass auch der Parkplatz Teil des Privatgrundstücks ist und Unbefugten das Betreten verboten ist.

Eines Tages wird der Betrieb der P bestreikt. Zum Streik hatte die Gewerkschaft V aufgerufen. Ziel des Streiks ist der Abschluss eines Tarifvertrages. Dazu platziert die V Stehtische auf dem Parkplatz, unmittelbar vor dem Haupteingang zum Betriebsgebäude. Nichtstreikende Arbeitnehmer werden sodann durch die Verteilung von Flyern zum Mitstreiken aufgefordert. Dadurch werden aber weder Ein- und Ausfahrt zum und vom Parkplatz noch der Zugang zum Betriebsgebäude versperrt. Auch ist es den mehrheitlich mit dem Pkw anreisenden Mitarbeitern noch immer möglich, ihre Fahrzeuge zu parken.

Die P ist trotzdem der Auffassung, dass sie in Ausübung ihres Hausrechts und im Rahmen ihrer unternehmerischen Betätigungsfreiheit der V die Nutzung des Parkplatzes untersagen kann. Die V könne nichtstreikende Arbeitnehmer auch vor dem Parkplatz, auf der öffentlichen Straße ansprechen.

Hat die P einen Unterlassungsanspruch gegen die V?

3.33.2 Lösung

Fraglich ist, ob P einen Anspruch auf Unterlassen hinsichtlich der gewerkschaftlichen Streikmaßnahmen auf dem Parkplatz gegen die V hat.

In Betracht kommt zunächst ein Unterlassungsanspruch der P aus § 862 I S. 2 BGB. Ein solcher Anspruch liegt vor, wenn der Besitz durch verbotene Eigenmacht i. S. v. § 858 I BGB gestört wird. Verbotene Eigenmacht übt derweil aus, wer dem Besitzer ohne dessen Willen den Besitz entzieht oder ihn im Besitz stört, sofern nicht das Gesetz die Entziehung oder Störung gestattet. Die Frage nach dem Vorliegen einer Besitzstörung oder -entziehung erübrigt sich jedoch, wenn die gewerkschaftlichen Maßnahmen der V gesetzlich gestattet sind.

Eine gesetzliche Gestattung könnte sich indes aus den richterrechtlichen Grundsätzen des Arbeitskampfrechts ergeben, welche ihre Grundlage wiederum in Art. 9 III GG finden.[1] Die Gerichte sind allerdings aufgrund von Art. 1 III GG auch bei der Anwendung zivilrechtlicher Normen daran gehalten, die Grundrechte beider Parteien zu berücksichtigen. Die Grundrechtspositionen der Gewerkschaft sind deshalb mit denen des Arbeitgebers nach dem Grundsatz der praktischen Konkordanz in Ausgleich zu bringen, sodass beide Parteien einen möglichst weitgehenden Grundrechtsschutz genießen. Entsprechend muss eine Güterabwägung erfolgen. Aufseiten der P steht zunächst das ihr kraft des Mietvertrages zugeschriebene Hausrecht als Besitzerin des Grundstücks, welches unter anderem die Entscheidungsfreiheit bezüglich jeglicher Zutrittsgewährung umfasst. Das Hausrecht ist Ausdruck der Eigentumsgarantie gem. Art. 14 GG und verleiht dem Eigentümer oder rechtmäßigen Besitzer die Befugnis, mit einer Sache nach Belieben zu verfahren. Ziel der gewerkschaftlichen Maßnahmen auf dem Parkplatz ist es vor allem, nichtbeteiligte Arbeitnehmer zu motivieren, am Streik teilzunehmen. Zweck des Streiks ist es, Druck auf den Arbeitgeber auszuüben, indem durch die Arbeitsniederlegung der Teilnehmer der gewöhnliche Betriebsablauf vorübergehend gestört wird. Sofern also Arbeitnehmer von der Teilnahme überzeugt werden, ist auch die berufliche und wirtschaftliche Betätigungsfreiheit der P, welche durch Art. 12 I i. V. m. Art. 2 I GG geschützt ist, betroffen. Diesen Grundrechtspositionen steht vorliegend insbesondere das Freiheitsrecht der Gewerkschaft V aus Art. 9 III GG gegenüber. Jenes gewährleistet Arbeitskampfmaßnahmen, die auf den Abschluss von Tarifverträgen gerichtet sind. Darunter sind auch Handlungen zu fassen, die dazu dienen, arbeitswillige Arbeitnehmer des bestreikten Betriebes zu motivieren, am Streik mitzuwirken; jedenfalls dann, wenn diese Handlungen sich auf ein gütliches Zureden und eines Appells an die Solidarität erstrecken. Derartige Aktionen sind nämlich unmittelbarer Bestandteil des Streiks als Arbeitskampfmittel. Vorliegend ist ferner zu berücksichtigen, dass die V lediglich eine verhältnismäßig geringe Fläche vor dem Haupteingang zum Betriebsgebäude einnahm. Dadurch wurde weder der Zugang zum Gesamtgelände noch der zum Betriebsgebäude versperrt. Faktisch gesehen war es arbeitswilligen Arbeitnehmern also noch möglich, ihrer Tätigkeit nachzugehen. Auch die Parkmöglichkeit wurde durch die Streik-

---

[1] Richterrechtliche Ausgestaltungen entsprechen dem einfachen Gesetzesrecht und können deshalb als Grundlage für eine gesetzliche Gestattung i. S. v. § 858 Abs. 1 BGB herangezogen werden.

3.33 Fall 49: Streik auf dem Parkplatz

maßnahmen nicht beeinträchtigt. Hätte die V ihre Aktionen hingegen – wie von P eingewendet – auf die öffentliche Straße vor dem Zugang zum Betriebsgelände verlagert, wäre eine persönliche Kommunikation mit der Mehrzahl der Arbeitnehmer nicht bzw. zumindest nur sehr begrenzt in Form gütlichen Zuredens möglich, da diese aufgrund der außerörtlichen Lage des Geländes mehrheitlich mit dem Pkw zur Arbeit kommen. Andere Ausweichmöglichkeiten sind nicht ersichtlich. Im Ergebnis überwiegen damit die Interessen der V diejenigen der P. Die gewerkschaftlichen Maßnahmen der V sind folglich aufgrund der richterrechtlichen Grundsätze des Arbeitskampfrechts gesetzlich gestattet. Ein Unterlassungsanspruch der P aus § 862 I S. 2 BGB ist mithin mangels verbotener Eigenmacht i. S. v. § 858 I BGB zu verneinen.

P könnte gleichwohl einen Anspruch aus § 1004 I BGB gegen die V haben. Dazu müsste P zunächst Eigentümerin des Parkplatzes bzw. des Grundstücks sein. P ist allerdings nur Mieterin des Geländes und hat damit zwar Besitz, aber kein Eigentum daran. Ein Anspruch aus § 1004 I BGB muss entsprechend ebenfalls verneint werden. Auch eine analoge Anwendung der Norm scheidet aus, da die §§ 858 ff. BGB dem Besitzer ausreichende Abwehrrechte zusprechen. Es fehlt somit bereits an einer Regelungslücke.

Die P könnte allerdings einen Unterlassungsanspruch aus §§ 1004 I, 823 I BGB unter dem Gesichtspunkt eines Eingriffs in den eingerichteten und ausgeübten Gewerbebetrieb gegen die V haben. Dies erfordert die Rechtswidrigkeit des Eingriffs. Eine solche wird nicht durch den bloßen Eingriff in den eingerichteten und ausgeübten Gewerbebetrieb indiziert. Vielmehr muss diese bei kollidierenden Interessen im Rahmen einer Einzelfallabwägung positiv festgestellt werden. Diesbezüglich kann auf die Ausführungen zur Güterabwägung nach oben verwiesen werden. Mangels Rechtswidrigkeit ist deshalb auch ein Unterlassungsanspruch aus §§ 1004 I, 823 I zu verneinen.

Die P hat damit keinen Unterlassungsanspruch gegen die V und muss dementsprechend die Streikmaßnahmen auf dem Parkplatz dulden.

3.34 Fall 50: Konfessionslose Bewerberin

3.34.1 Fallfrage

Der Verein „Werk der Evangelischen Kirche" (E) sucht zum nächstmöglichen Zeitpunkt eine/n Referenten/in für ein bevorstehendes Projekt zum Thema Antirassismus. In der öffentlichen Stellenanzeige lässt sich folgender Passus finden:

> „Wir freuen uns über Bewerbungen von Menschen ungeachtet ihrer Herkunft oder Hautfarbe, des Geschlechts, einer Behinderung, des Alters oder ihrer sexuellen Identität. Die Mitgliedschaft in einer evangelischen Kirche setzen wir voraus. Bitte geben Sie Ihre Konfession im Lebenslauf an ..."

Auf die ausgeschriebene Stelle bewirbt sich unter anderem die konfessionslose Katja (K). Ihrem Bewerbungsschreiben ist kein Hinweis auf ihre Konfession bzw. Konfessionslosigkeit zu entnehmen. Constantin (C) wird ebenfalls auf die Stelle aufmerksam und schickt entsprechend seine Bewerbungsunterlagen an E. In seinem Bewerbungsschreiben bezeichnet er sich als „engagierten evangelischen Christen". Der E entscheidet sich kurze Zeit später, die ausgeschriebene Stelle mit dem C zu besetzen. Die nicht berücksichtigte K ist außer sich vor Wut, als sie von der Entscheidung erfährt. Sie fühlt sich aufgrund ihrer Konfessionslosigkeit diskriminiert von E und verlangt deshalb eine Entschädigung von diesem.

Hat K einen Entschädigungsanspruch gegen den E?

3.34.2 Lösung

Die K könnte einen Entschädigungsanspruch aus § 15 II AGG gegen den E haben.

Dazu müsste zunächst der persönliche Anwendungsbereich des § 15 II AGG eröffnet sein. Ansprüche aus § 15 AGG stehen ausschließlich Beschäftigten im Sinne des Gesetzes zu. Nach § 6 I S. 2 AGG sind allerdings auch Bewerber/innen vom persönlichen Anwendungsbereich erfasst. K ist Bewerberin für die von E ausgeschriebene Stelle. Der persönliche Anwendungsbereich ist mithin eröffnet.

Fernerhin müsste E gegen das Benachteiligungsverbot aus §§ 7, 3, 1 AGG verstoßen haben. Aus der Normenkette ergibt sich, dass eine Benachteiligung bei jeder ungünstigen Behandlung wegen eines der in § 1 AGG normierten Kriterien vorliegt. In Betracht kommt vorliegend insbesondere eine Benachteiligung wegen der Religion. Nach § 22 AGG gilt außerdem, dass die Partei, welcher ein Verstoß gegen das Benachteiligungsverbot vorgeworfen wird, die Beweislast dafür trägt, dass es zu keinem derartigen Verstoß gekommen ist, sofern die andere Partei Indizien vorträgt, die eine solche Benachteiligung vermuten lassen. Die Stellenanzeige des E lässt darauf deuten, dass er ausschließlich Bewerber/innen berücksichtigt, die Mitglieder der evangelischen Kirche sind. Zudem wurde anstelle der K der C eingestellt, der sich ausdrücklich als evangelischer Christ beworben hat. Eine ungünstigere Behandlung der K aufgrund ihrer Religion bzw. Religionslosigkeit kann gem. § 22 AGG folglich vermutet werden. Mangels entgegenstehender Sachverhaltsangaben kann dementsprechend auch das Vorliegen einer Benachteiligung i. S. v. §§ 7, 3, 1 AGG bejaht werden.

Die unterschiedliche Behandlung könnte jedoch nach § 9 I Alt. 1 AGG gerechtfertigt sein. Nach § 9 I Alt. 1 AGG ist eine Differenzierung nämlich dann gestattet, wenn die Religion unter Beachtung des Selbstverständnisses der jeweiligen Religionsgemeinschaft oder Vereinigung im Hinblick auf ihr Selbstbestimmungsrecht eine gerechtfertigte berufliche Anforderung darstellt.

Fraglich ist jedoch, ob § 9 I Alt. 1 AGG mit unionsrechtlichen Vorgaben vereinbar ist. Nach Art. 4 II der Richtlinie 2000/78/EG[2] sollen lediglich solche Ungleichbehandlungen gerechtfertigt sein, die aufgrund der Art der fraglichen Tätigkeit oder der Umstände ihrer Ausübung als eine wesentliche und rechtmäßige berufliche Anforderung anzusehen sind. Die Richtlinie sieht allerdings keine Rechtfertigung vor, die ausschließlich auf ein Selbstbestimmungsrecht der Kirchen und religiösen Organisationen beruht. Um § 9 I Alt. 1 AGG im Einklang mit Art. 4 II RL 2000/78/EG zu bringen, muss ebendiese Alternative aus § 9 I AGG unangewendet bleiben. Die Rechtfertigung der Ungleichbehandlung nach § 9 I Alt. 1 AGG scheidet folglich aus.

Die Differenzierung könnte gleichwohl nach § 9 I Alt. 2 AGG gerechtfertigt sein. Daraus und unter Berücksichtigung des Art. 4 II RL 200/78/EG ergibt sich, dass eine Ungleichbehandlung wegen der Religion dann gestattet ist, wenn sie nach der Art der Tätigkeit eine wesentliche, rechtmäßige und gerechtfertigte berufliche Anforderung darstellt. Vorliegend han-

---

[2] Durch § 9 AGG versucht der nationale Gesetzgeber den Art. 4 Abs. 2 der Richtlinie 2000/78/EG umzusetzen.

delt es sich um eine Stelle als Referent/in zum Thema Antirassismus. Zwar wird damit einhergehen, dass der Stelleninhaber den E nach außen hin repräsentieren wird und damit ein gewisser Zusammenhang zwischen ausgeschriebener Tätigkeit und der Religionszugehörigkeit als berufliche Anforderung besteht. Nichtsdestotrotz ist nicht ersichtlich, dass die Religionszugehörigkeit des Stelleninhabers zwingend erforderlich ist für die Bekundung des Ethos des E oder die Ausübung dessen Selbstbestimmungsrechts. Die Religionszugehörigkeit als berufliche Anforderung kann vorliegend deshalb nicht als wesentlich klassifiziert werden. Ebenfalls hat der E keine Argumente vorgetragen oder der Stellenanzeige beigefügt, die nahelegen, dass die unterschiedliche Behandlung von nichtevangelischen Christen notwendig war, um eine Beeinträchtigung seines Ethos oder seines Selbstbestimmungsrechts abzuwenden. Die von E geforderte Religionszugehörigkeit ist folglich auch nicht als berufliche Anforderung gerechtfertigt. Mangels Wesentlichkeit und einschlägiger Rechtfertigung der Religionszugehörigkeit als berufliche Anforderung für die ausgeschriebene Stelle als Referent/in ist § 9 I Alt. 2 AGG zu verneinen. Die Ungleichbehandlung wegen der Religion bzw. Religionslosigkeit ist damit insgesamt nicht gerechtfertigt.

Zuletzt müsste E auch schuldhaft gehandelt haben. Nach § 15 I S. 2 AGG wird dies widerleglich vermutet. Mangels entgegenstehender Sachverhaltsangaben ist das Verschulden seitens des E zu bejahen.

Demzufolge hat die K einen Entschädigungsanspruch aus § 15 II AGG gegen den E.

3.35 Fall 51: Verzugspauschale für Kim

3.35.1 Fallfrage

Kim (K) ist seit langer Zeit bei der R-GmbH (R) angestellt. Am 1. April 2020 übernimmt die B-GmbH (B) den Betrieb der R. Anlässlich des Betriebsübergangs werden neue Tarifverträge geschlossen, die zu einer Differenz zwischen der von R zuvor gezahlten und der inzwischen von B zu zahlenden Arbeitsvergütung an K führen. Um dieser Differenz entgegenzuwirken, zahlt die B der K ab Betriebsübergang monatlich eine Besitzstandszulage, um die Arbeitsvergütung der Höhe nach an die von R zuvor gezahlte Summe anzupassen. Ab dem 1. Mai 2022 stellt K die Zahlungen der Besitzstandszulage jedoch ein. Mitte September reicht K sodann Klage beim zuständigen Gericht ein und verlangt von B die Nachzahlung der Besitzstandszulage für die Monate Mai bis September. Zudem verlangt K die Zahlung von Verzugszinsen und Verzugspauschalen von jeweils 40,00 Euro für denselben Zeitraum. Die B sieht inzwischen ein, dass der K im Rahmen einer betrieblichen Übung ein Anspruch auf Zahlung der geltend gemachten Besitzstandszulagen und der Zinsen zusteht. Die Zahlung der Verzugspauschalen lehnt sie allerdings noch immer ab.

Hat K einen Anspruch auf Zahlung der von ihr verlangten Verzugspauschalen?

3.35.2 Lösung

Die K könnte einen Anspruch auf Zahlung von Verzugspauschalen für die Monate Mai bis September 2022 aus § 288 V S. 1 BGB gegen die B haben.

Dazu müsste es sich bei der von B an K zu zahlenden Besitzstandszulage um eine Entgeltforderung i. S. v. § 288 V S. 1 BGB handeln. Aus der Systematik der Norm ergibt sich, dass der Begriff der Entgeltforderung in § 288 V S. 1 BGB angelehnt ist an den entsprechenden Begriff in § 288 II BGB. Eine Entgeltforderung liegt demnach vor, wenn die Forderung auf die Zahlung eines Entgelts als Gegenleistung für eine vom Gläubiger erbrachte oder zu erbringende Leistung gerichtet ist, die in der Lieferung von Gütern oder der Erbringung von Dienstleistungen im weitesten Sinne besteht. Dabei muss jedoch keine synallagmatische Verbindung zwischen der Leistung des Gläubigers und der Zahlung des Schuldners bestehen. Vielmehr genügt es, wenn zwischen der Leistung der einen Partei eine konditionale Verknüpfung für die Entstehung der Verpflichtung der anderen Partei besteht. Aus dem Sachverhalt ergibt sich, dass die B der K die Besitzstandszulage zahlte, um die Differenz zwischen der von R zuvor gezahlten und von ihr nun zu zahlenden Arbeitsvergütung auszugleichen. Bei der Besitzstandszulage handelt es sich also ebenfalls um eine Gegenleistung für die Arbeitsleistung der K. Sie ist mithin unter dem Begriff der Entgeltforderung i. S. v. § 288 V S. 1 BGB zu fassen.

Ferner müsste die K auch Gläubigerin der Entgeltforderung sein. Diesbezüglich bestehen keine Bedenken.

Zuletzt dürfte die B kein Verbraucher sein. Arbeitgeber sind regelmäßig als Unternehmer i. S. v. § 14 I BGB zu klassifizieren. B ist folglich auch kein Verbraucher.

Dem Anspruch der K aus § 288 V S. 1 BGB könnte jedoch § 12a I S. 1 ArbGG entgegenstehen. Nach § 12a I S. 1 ArbGG besteht in Urteilsverfahren des ersten Rechtszugs kein Anspruch der obsiegenden Partei auf Entschädigung wegen Zeitversäumnis und der Hinzuziehung eines Prozessbevollmächtigten oder Beistands. Der Wortlaut der Norm (*„besteht kein Anspruch ..."*) legt nahe, dass jeder Erstattungsanspruch – unabhängig von der Rechtsnatur der zugrunde liegenden Anspruchsgrundlage – bis zum Abschluss der ersten Instanz ausgeschlossen sein soll. Neben den prozessualen sollten also auch die materiell-rechtlichen Kostenerstattungsansprüche erfasst sein. Hier könnte eingewendet werden, dass die Norm lediglich die Kosten für die Hinzuziehung eines Bevollmächtigten und für Zeitversäumnis ausdrücklich nennt. Dagegen spricht allerdings der Zweck des § 12a I S. 1 ArbGG: Die Kosten arbeitsrechtlicher Streitigkeiten sollen nämlich für alle beteiligten Parteien überschaubar gehalten werden. Dies dient zwar vor allem dem zumeist wirtschaftlich schwächeren Arbeitnehmer, der im Falle des Unterliegens keine zusätzlichen Kosten befürchten muss. Gleichwohl muss aus Gründen der Parität dasselbe für den Arbeitgeber gelten. Im Hinblick auf die Überschaubarkeit soll also jeder die eigens aufgewendeten Kosten kennen und selbst tragen. Demnach müssen sämtliche wirtschaftlich bedeutsamen Beitreibungskosten von § 12a I S. 1 ArbGG erfasst und sein. Die in § 288 V S. 1 BGB normierte Verzugspauschale dient unterdessen der Erleichterung der Durchsetzung eines Verzugsschadens, indem sämtliche Kosten pauschalisiert werden, die im Regelfall mit der Beitreibung des Schadensnachweises für einen Anspruch aus § 280 II i. V. m. § 286 BGB einhergehen. § 12a I S. 1 ArbGG soll aber ebendies verhindern (jede Partei soll aus

3.35 Fall 51: Verzugspauschale für Kim

Gründen der Überschaubarkeit ihre eigens aufgewendeten Kosten selbst tragen). Zusammenfassend lässt sich mithin feststellen, dass § 12a I S. 1 ArbGG im Rahmen von arbeitsrechtlichen Streitigkeiten die Anwendung des § 288 V S. 1 BGB ausschließt.

Folglich hat die K keinen Anspruch gegen die B auf Zahlung der von ihr geforderten Verzugspauschalen.

3.36 Fall 52: Norbert und sein Arbeitszeugnis

3.36.1 Fallfrage

Norbert war die letzten Jahre bei der G-GmbH beschäftigt. Eines Tages wurde er betriebsbedingt gekündigt. Um sich dagegen zur Wehr zu setzen, erhob er prompt Kündigungsschutzklage beim zuständigen Arbeitsgericht. Im darauffolgenden Verfahren konnten Norbert und die G-GmbH einen Vergleich erzielen. Im Zuge dessen sollte die G-GmbH dem Norbert ein qualifiziertes und wohlwollendes Arbeitszeugnis erteilen.

Einige Wochen später erhält der Norbert das zugesagte Arbeitszeugnis und ist außer sich vor Wut. Denn dort steht mitunter geschrieben, dass er seine Arbeitsleistung *„zur vollen Zufriedenheit"* der G-GmbH erbracht habe. Dies entspricht allenfalls der Schulnote *„Befriedigend"*. Norbert ist hingegen der Auffassung, dass er die ihm übertragenen Aufgaben *„stets zur vollsten Zufriedenheit"* der G-GmbH erfüllte. Diese Formulierung würde der Schulnote *„Gut"* entsprechen. Zur Begründung führt Norbert an, dass er stets überdurchschnittliche Leistungen erbracht habe und es zudem in der Branche üblich sei, *„gute"* und *„sehr gute"* Noten zu erteilen. Eine Studie hierzu belegt, dass tatsächlich in etwa 90% die erteilten Schlussnoten im Bereich *„gut"* und *„sehr gut"* liegen. Die G-GmbH ist jedoch der Auffassung, dass der Norbert lediglich durchschnittliche Arbeitsleistungen erbracht habe, und vereinzelt soll es sogar zu Fehlleistungen seitens des N gekommen sein. Weder der Norbert noch die G-GmbH können jedoch ihre Behauptungen hinsichtlich der Arbeitsleistung des Norbert hinreichend belegen.

Hat der Norbert einen Anspruch auf die von ihm geforderte Schlussnote?

3.36.2 Lösung

Norbert (N) könnte einen Anspruch auf Umformulierung seiner Benotung im Arbeitszeugnis von „*zur vollen Zufriedenheit*" (= Befriedigend) hin zu „*stets zur vollsten Formulierung*" (= Gut) gem. § 109 I GewO gegen die G-GmbH (G) haben.

Dazu müsste der N Arbeitnehmer der G gewesen sein und das Arbeitsverhältnis zwischen den Parteien müsste beendet worden sein. Hinsichtlich beider Punkte bestehen keine Bedenken.

Fraglich ist jedoch, ob der Anspruch aus § 109 I GewO auch die von N geforderte Umformulierung des Arbeitszeugnisses deckt. Dies ist durch Auslegung der Norm zu ermitteln. Der Wortlaut der Norm umfasst einen Anspruch des ausscheidenden Arbeitnehmers auf die Wahl zwischen einem einfachen Zeugnis gem. § 109 I 2 GewO mit Angaben zu Art und Dauer der Tätigkeit oder aber einem qualifizierten Zeugnis gem. § 109 I 3 GewO mit zusätzlichen Angaben zur Leistung und dem Verhalten im Arbeitsverhältnis. Nicht erfasst ist damit allerdings ein Anspruch auf eine bestimmte vom Arbeitnehmer geforderte Benotung. Naheliegender erscheint vielmehr der Anspruch auf eine der Leistung und dem Verhalten entsprechende Bewertung. Zu keinem anderen Ergebnis führt die Auslegung nach dem Telos der Norm: Sinn und Zweck ist nämlich, dass der Arbeitnehmer das Zeugnis zur anschließenden Stellensuche verwenden kann. Gleichermaßen dient es aber auch potenziellen Arbeitgebern zur Aufklärung über den Bewerber. Um beides adäquat erfüllen zu können, muss das Zeugnis vollständig sein und den Tatsachen entsprechen. Eine Benotung mit der Berücksichtigung der durchschnittlichen oder üblichen Benotung in der Branche würde den Zweck indes verfehlen. Die Auslegung von § 109 I GewO ergibt mithin, dass N lediglich einen Anspruch auf die von ihm geforderte Umformulierung des Arbeitszeugnisses hat, wenn seine Arbeitsleistung auch der geforderten Benotung entspricht.

Die Arbeitsleistung des N müsste seiner geforderten Benotung entsprechen. Diesbezüglich streiten die Parteien allerdings. Nach der Ansicht des N habe jener überdurchschnittliche Leistungen erbracht. Die G behauptet hingegen, der N habe lediglich durchschnittliche Leistungen und ab und an sogar Fehlleistungen erbracht. Beide können ihre Behauptungen jedoch nicht einschlägig belegen.

Fraglich ist folglich, wer die Beweislast diesbezüglich zu tragen hat. Fordert der ausscheidende Arbeitnehmer eine überdurchschnittliche Bewertung, so hat jener auch entsprechende Leistungen vorzutragen und einschlägig nachzuweisen. Dabei ist zu berücksichtigen, dass die übliche Noten-Skala im Arbeitszeugnis entweder fünf oder sechs Benotungsstufen hat. Konsequent erscheint es mithin, eine durchschnittliche Leistung mit der dritten Benotungsstufe zu bewerten. Dies wäre – angelehnt an die übliche Schulnoten-Skala – ein „*Befriedigend*". Dass in der betroffenen Branche typischerweise bessere Noten vergeben werden, kann hier auch nur (wenn überhaupt) beschränkt berücksichtigt werden. Schließlich besteht auch die Möglichkeit, dass andere Arbeitnehmer vermehrt überdurchschnittliche Leistungen im Verhältnis zu den aus dem Arbeitsvertrag geforderten Leistungen erbringen. Der N fordert vorliegend eine Formulierung, welche der Benotungsstufe „*Gut*" entsprechen würde. Demnach ist jener dazu angehalten, entsprechende Vorträge zu machen und diese nachzuweisen.

Der N ist seiner Darlegungs- und Beweispflicht nicht nachgekommen. Folglich hat er keinen Anspruch auf eine Umformulierung der Bewertung seiner Arbeitsleistung im Arbeitszeugnis.

▶ **Hinweise** Der Fall ist angelehnt an eine maßgebende Entscheidung des BAG (vgl. BAG, Urteil vom 18.11.2014 - 9 AZR 584/13). Gleichwohl kann der Fall auch mithilfe einer sauberen Auslegung der Anspruchsgrundlage und einer einschlägigen Argumentation ohne jegliche Kenntnis von der Rechtsprechung gelöst werden.

Im Übrigen ist es unabdingbar für die Lösung des Falles, dass der Bearbeiter die richtige Anspruchsgrundlage aus der GewO findet. Maßgeblich ist diesbezüglich, dass der Bearbeiter nicht auf § 630 BGB zurückgreift. Aus § 630 S. 4 BGB ergibt sich nämlich, dass § 109 GewO bei Arbeitsverhältnissen Vorrang hat.

Stichwortverzeichnis

Allgemeine Geschäftsbedingungen 133
    Inhaltskontrolle 133
    Transparenzgebot 133
Anfechtung 61, 75, 120
    Anfechtungsfrist 61
    Anfechtungsgrund 61, 76, 120
    arglistige Täuschung 76
    Drohung 61, 120
    schuldhaftes Zögern 120
Annahmeverzug 19
Anspruchsgrundlage 3, 4
Anspruchssteller 5
Arbeitnehmer 25, 30, 41, 50, 90, 95, 99, 110, 113, 117, 126, 128
    Arbeitnehmereigenschaft 96, 126
    leitender Angestellter 128
    unselbständige Tätigkeit 90
Arbeitskampf 15, 18
Arbeitskampfrecht 140
Arbeitszeugnis 148
Aufhebungsvertrag 60, 119
Auftrag 92
Aufwendungen 92, 113, 123
Ausbildung 58, 63, 114
    Probezeit 115
Aussperrung 19
Befristung 55, 116
    kalendermäßige 117
Begehr 4, 5
Benachteiligungsverbot 79, 136, 143
Beschäftigungsverbot 104
Besitzstandszulage 146
Betriebliche Gründe 54, 64
Betriebliche Übung 138
Betriebsrat 24, 27, 30, 33, 36, 39, 42, 45, 48, 51, 106, 127
    Anhörung 106, 127
    Beteiligungsrecht 43
    Betriebsratswahlen 24, 30
    Mitbestimmungsrecht 31, 43, 48
    Recht auf Informationen 42
    Schwellenwert 28, 31
Betriebsratsaufgaben 31
Beweislast 149
Dienstvertrag 123
Direktionsrecht 98
Einrede 7
Einwendung 7
Entgeltforderung 146
Entgeltfortzahlung 73, 95, 103
Entschädigung 79, 136
Entschädigungsanspruch 143
Equal-Pay-Grundsatz 22, 37, 39
Fixschuld 84
Gesetzliche Gestattung 140
Gewissenskonflikt 98
Gleichbehandlungsgrundsatz 110
Günstigkeitsprinzip 12, 14
Gutachtenstil 6
Haftungsbegrenzung 101
Innerbetrieblicher Schadensausgleich 101
Jugendschutzgesetz 59
Juristische Arbeitsweise 3
Kettenbefristungen 57
Koalitionsspezifische Tätigkeit 16
Krankheitsfall 95, 104
Kündigung 8, 64
    Abmahnung 70, 107, 132
    betriebsbedingte 64, 66, 128

Form- und Fristerfordernisse 64
fristlose 61
krankheitsbedingte 73
Kündigungsfrist 64
Kündigungsschutzklage 8, 63
ordentliche 63
personenbedingte 73
Recht zur Lüge 76
Sonderkündigungsschutz 76
Sozialauswahl 64, 67
soziale Rechtfertigung 67, 73
Verdachtskündigung 61
verhaltensbedingte 128
wichtiger Grund 61
Leiharbeit 22, 24, 27, 30, 33, 37, 39, 42, 45, 48, 50
   Leiharbeitnehmer 25, 28, 30, 33, 37, 39, 42, 45, 50
Mutterschutzgesetz 104
Ordnungsprinzip 14
Personelle Einzelmaßnahme 34, 37, 40, 43, 52
Persönlichkeitsrecht 49, 76
Praktikum 115
Richterstil 6
Sachverhaltsskizze 4
Schwerbehinderte Menschen 39, 45

Selbstbestimmungsrecht 143
Streikrecht 16
Subsumtion 5
Tarifvertrag 9, 11, 13, 15
Teilzeit 51, 53
Treu und Glauben 37, 56, 133
Ungleichbehandlung 143
Unterlassungsanspruch 140
Unternehmer 133
Urlaub 6, 7, 11, 86, 125
   Urlaubsabgeltung 7, 86
Verbotsgesetz 34, 37, 40
Verbraucher 133
Vergütung 5, 19, 22, 36, 83, 95, 110, 112, 123, 126
Verringerung der Arbeitszeit 54
Vertragsstrafe 133
Verzugspauschale 146
Vorstellungskosten 91
Weisungsrecht 50, 98, 123
Werkvertrag 123
Wiedereinstellungsanspruch 131
Wissensvertreter 82
Zeitarbeit 21, 33
Zustimmungsverweigerungsrecht 34, 37, 40

Forschungsstark und praxisnah:

Deutschlands Hochschule für Berufstätige

Raphaela Schmaltz studiert den berufsbegleitenden Master-Studiengang Taxation am FOM Hochschulzentrum Köln.

Die FOM ist Deutschlands Hochschule für Berufstätige. Sie bietet über 40 Bachelor- und Master-Studiengänge, die im Tages- oder Abendstudium berufsbegleitend absolviert werden können und Studierende auf aktuelle und künftige Anforderungen der Arbeitswelt vorbereiten.

In einem großen Forschungsbereich mit hochschuleigenen Instituten und KompetenzCentren forschen Lehrende – auch mit ihren Studierenden – in den unterschiedlichen Themenfeldern der Hochschule, wie zum Beispiel Wirtschaft & Management, Wirtschaftspsychologie, IT-Management oder Gesundheit & Soziales. Sie entwickeln im Rahmen nationaler und internationaler Projekte gemeinsam mit Partnern aus Wissenschaft und Wirtschaft Lösungen für Problemstellungen der betrieblichen Praxis.

Damit ist die FOM eine der forschungsstärksten privaten Hochschulen Deutschlands. Mit ihren insgesamt über 2.000 Lehrenden bietet die FOM mit mehr als 50.000 Studierenden ein berufsbegleitendes Präsenzstudium im Hörsaal an einem der 36 FOM Hochschulzentren und ein digitales Live-Studium mit Vorlesungen aus den hochmodernen FOM Studios.

Alle Institute und KompetenzCentren unter
fom.de/forschung

**Die Hochschule.
Für Berufstätige.** **FOM**

If you have any concerns about our products,
you can contact us on
ProductSafety@springernature.com

In case Publisher is established outside the EU,
the EU authorized representative is:
**Springer Nature Customer Service Center GmbH
Europaplatz 3, 69115 Heidelberg, Germany**

Printed by Libri Plureos GmbH
in Hamburg, Germany